CORRESPONDENCE AND SUPPORT TO CHILDREN WITH
SEXUAL BEHAVIOR PROBLEMS : Prevention of sexual
behavior problems program in a child welfare institution

性加害少年への対応と支援

児童福祉施設と性問題行動防止プログラム

埜崎健治 著

遠見書房

はじめに

　この本は性問題行動を抱える児童を担当することになり戸惑っていたり，怒り，恐怖などの感情に振り回されている支援者，そして，これから性問題行動防止プログラムを行うけど，どのように行うのか，どんなふうに展開するのかイメージができなくて困っている人の気持ちが少しでも楽になればと思い書きました。

　性問題行動の防止にこれまで多くの経験を積み慣れている方，性問題への対応に自信があるという方はこのまま本を閉じてください。

　また，取り上げている内容は性問題行動以外の問題行動（窃盗，暴力行為等）が顕著ではなく，比較的問題行動が習癖化していないケースが中心です。具体的には少年院や刑務所などで行われる矯正教育ではなく，医療・相談機関等にて通所でプログラムや児童自立支援施設等の児童福祉施設で行うプログラムが中心です。

　私が性問題行動を抱える児童の支援に初めて関わるとき，とても気持ちがかき乱され，不安，怒り，恐怖という感情に振り回されました。他の支援者に聞いても同じような意見がよく聞かれます。

　ではなぜ，性問題行動防止プログラムを担当するときに，ある種の抵抗感を感じるのでしょうか。通常の支援と比較して性問題行動防止プログラムは異なる点が多いからではないでしょうか。

　主な異なる点としては次のようなことを考えられます。

1）性問題という日常では取り扱うことが少ない特有な問題について話し合わなければならないということ（自殺未遂者支援に似ている）。
2）加害者に対する敵意，恐怖，不安などが湧き出してきて，支援者の基本的な姿勢と言われる共感的，受容的な態度を保ちにくいこと。
3）支援プログラムや教育システムが確立していないため，初めて担当するときに戸惑うことが多いこと。

性加害少年への対応と支援──性問題行動防止プログラム

はじめに

　そのためか，性問題行動児は異質な存在であり，とても危険な存在だと考えられ，長く隔離する厳罰化の傾向が見られます。

　しかし，通常の支援とは異なる点はあるものの，児童はプログラムを通じて苦しみ，悩みながら大きく成長をしていくし，支援者も児童と共に大きく成長していける可能性を秘めているということに関しては他の支援となんら変わらないことを知っていただければ幸いです。

　本書ではストーリー仕立ての事例を併せて載せてあります。その理由の1つ目としてはケース展開の背景にあるもの（チームアプローチの難しさ，支援者の葛藤等）を伝えたかったからです。

　2つ目としては児童福祉施設（児童自立支援施設）の文化，生活を伝えたかったからです。スクールカウンセラー（SC）が学校文化を理解できていないとよい支援ができないのと同じで，今回のプログラムは児童自立支援施設の文化，ルール等をわかっていないと臨床の場面に活用できないと考えたからです。

　3つ目としては，性加害児童はプログラムに対して消極的なことが多く，プログラムをどのように導入し，深めていくのかの様子をストーリーの通じて伝えられればと思っています。

　性問題行動防止プログラムは試行錯誤の状態にあり，司法モデル（性問題行動再犯防止が目的）が中心です。児童相談所や児童自立支援施設では性問題行動再犯防止だけでなく，児童の人間的成長を意図したプログラムがあっていいのではないかと考えます。

　最後に，本書を通じて性問題行動防止に携わる支援者が明日からまた頑張っていこうと思ってもらえるようになればうれしいです。

目　　次

はじめに　3

序章　性問題行動防止プログラムとは……………………9
性問題行動防止プログラムとは　9／プログラムの流れについて　10／通所型支援と入所型支援について　16／集団療法と個別療法について　17

第1章　出会いからプログラム開始の合同ミーティングまで……………………………………………………20
合同ミーティングについて　20

第2章　「自分のことを知ろう」について……………41
「自分のことを知ろう」について　41／感情に気がつくワーク　43／怒りのコントロールについて　44

第3章　外出，そして性教育について……………………63
地域との交流（外出・外泊）について　63／マスターベーションのやり方について　64／少年事件の流れについて　66

第4章　自分のやったことの振り返り……………………75
自分のやったことの振り返り　75／拒否，否認，反抗がある場合の対応について　76／面接の終了時の配慮　76／これまでの振り返り　81

第5章　問題行動のパターンの理解と再犯防止策を考える　86
性問題行動のパターン　86／健康な状態　87／危険な気持ち　88／危険な前兆　88／危険な考え方　89／危険な場所　89／ほめるワークについて　91

第6章　家族支援プログラムについて…………………101
家族支援の基本的なポイント　101

第7章　被害者およびその家族の気持ちを考える…………112
被害者および家族の気持ちに気づく　112／性被害者に与える影

響と特徴について　113／被害者およびその家族の立場に立って考えることについて　114

第8章　地域生活にむけての準備と今後について………… 125

中学校卒業後の進路について　125／元いた地域以外から就学・就労する方法　126／自宅からの就学する方法　127／地域生活に向けてのサポート体制作り（主に家族）について　128／「終わり」について　129

第9章　性問題行動のケース…………………………… 142

性問題行動防止プログラムで過剰適応をしてしまったケース　142／兄弟間での性問題行動が疑われたケース　145／プログラム中に再犯をしてしまったケース　147／被害者の気持ちを考えることが難しかったケース　149／きょうだい間での性問題行動のあり分離をしたケース　151

　おわりに　154

性加害少年への
対応と支援

序章

性問題行動防止プログラムとは

性問題行動防止プログラムとは

　加害者が性問題行動を行うとき，それは決して一過性の試みとして行われるものではない。性問題行動の変化に焦点を絞った特別な治療をしない限り，何度も何度も繰り返される，非常に習癖性の高い行動である（藤岡，2006）。

　「性問題行動防止プログラム」は性問題行動の再発防止を目的として行われるプログラムである。多くの加害者用プログラムが開発されているが，ティモシー・J・カーン（2009）による「性問題行動防止プログラム」は，性加害者との面接を行う私にとって，福音に近いものがあったが，一方，そのまま自分の職場の中に取り込めない部分もあり，試行錯誤の連続でもあった。

　この「性問題行動防止プログラム」の具体的な性問題行動防止プログラムの目標としては，

1）自分の行った性問題行動に対するすべての責任を認めること。
2）自分の行った性問題行動によって，被害者がどんな影響を受けたかを明確に理解し，感じられるようになること。
3）性問題行動につながる思考や感情について理解をすすめ，こうした行為に入る前のパターンや性暴力のサイクルを知ること。
4）人を傷つけることなく。自分の性的・社会欲求を満たすことを学ぶこと。
5）健全な性的思考，感情を抱くことを学び，不健全な性的思考・感情を減らすことを学ぶこと。
6）さらなる性問題行動を引き起こしかねない危険性の高い状況を見定め

ること。
7) 健全な選択ができるように支援してくれる人々からなるサポートシステムを作ること。
8) 再犯防止計画を作成し,自分を支援してくれる人々(家族等)に理解してもらうこと。
9) 健全で責任ある日々の行動を学び,身を持って示すこと。その行動には危険性の高い状況を避けることも含まれている。

(ティモシー・J・カーン,2009)

です。

プログラムの流れについて

性問題行動防止プログラムでは,児童の年齢,理解力,やってしまったこと,プログラムの期間(回数),支援形態(通所もしくは入所),個別なのかグループなのか併用なのか(支援方法)で多少は異なるが,おおまかにやるべきことは決まっている。

最初に児童福祉施設(児童自立支援施設等)の大きな流れと支援形態・方法について触れておきたい。(図1)。

最初に,児童福祉施設で利用されるさいの大きな流れと支援形態・方法について触れておきたい。

1. 出会い,そしてプログラム開始の合同ミーティング

性問題行動を起こして児童自立支援施設に入所する場合の多くは,警察から児童相談所一時保護所,もしくは少年鑑別所を経て入所となる。

児童自立支援施設入所前に,児童の見立てとプログラム実施の動機づけをできると入所後のプログラム展開がしやすくなる。

また,児童自立支援施設では,寮担当,学校担当(教員),施設担当心理士,児童相談所担当者等,多くの支援者が関わることになる。

プログラム開始時に役割分担,連絡方法の確認,そして児童に交えて合同ミーテイングを開催することで児童への動機づけにな

性問題行動防止プログラムとは
序章

> 1．出会い，そしてプログラム開始の合同ミーティング
> 2．自分のことを知ろう！
> 3．正しい性知識を身につける（性教育）
> 4．犯罪を繰り返すとどうなるかを理解する
> 5．自分のやったことの振り返り
> 6．問題行動のパターンの理解と再犯防止策を考える
> 7．地域との交流（外出・外泊）
> 8．地域生活に向けての準備
> 9．家族の理解を深める
> 10．被害者およびその家族の立場に立って考える
> 11．自分の家族の立場に立って考える
> 12．合同ミーティング，そして地域生活の再開
> 13．地域生活の見守り（アフターフォロー）

図1　性問題行動防止プログラムの流れ

る。

2．自分のことを知ろう！

　児童がどのような時にイライラしやすいのか？　怒りが強くなったときにどのような行動をとるのか？　どのようなことを考えると嫌な気持ちなるのか？　興味があることは何なのか？　自分が楽しいと思える時はどんなときなのか？　得意なこと・苦手なことなど自分自身のことを知ることである。その中で本人なりのストレス解消方法を見つけることも行う。

　そして，性問題行動の再犯防止だけでなく，これからどんな自分に成長していきたいのかを明確にする。

　プログラムの回数が限られている，短期間で行わないといけない場合などは省いたりすることがある。

　しかし，私はこのセッションに時間をかけ，丁寧に行うように意識している。その理由としては次のようなことがあげられる。

　①この段階でいろいろな話をしていくことで，お互いを良く知り，信頼関

係を作ることができる。
②プログラムの中で児童が心理的負担を感じたり,不安になったりすることがあるのでそのときの対処法(リラクゼーション法等)を身につけておくことができる。
③児童の性格や考え方の傾向を知ることで今後のプログラムの展開が予想できる。
④これからどのような大人になっていくのか,新しい自分に出会うために,今の自分を知ることは大切なことである。

(春日武彦・埜崎健治,2013参照)

3．正しい性知識を身につける（性教育）

このセッションでは正しい性知識や男女交際のあり方などを学ぶ。知的に障害がある場合や保護者から十分なサポートを受けられない環境で育ってきた場合などは年齢相応の性知識を持っていない場合が多い。その場合には時間をかけて知識を修得する必要がある。

性知識の不足が性問題行動の主要因になることは少ないが,正しい性知識を持つことは重要である。

性教育の図書は充実しており詳しい性教育については本書では触れず,性問題行動者のマスターベーションのみ本章では説明をする（詳しくは,高橋(2008)ややまかた(2012)など)。

4．犯罪を繰り返すとどうなるかを理解する

児童が法に触れる行為をしたことの自覚を促し,同じような行為を続けるとどうなるのか（少年院や刑務所に入る等）を理解する。

知的障害がある場合には,どの行為が法に触れるのか理解できていないことがある。

その場合には具体的な例（知らない女の子に抱きつくことはいけない行為である）をあげて説明する必要がある。

私の印象としてはこのような説明が必要になる児童は知的障害児施設に入所していることが多い。児童自立支援施設では,知的

に遅れがある場合（軽度知的障害）でも行ったことが犯罪であることや繰り返すとどうなるのかを理解していることが多い（カーン，2009）。

5．自分のやったことの振り返り

　自分が犯した罪について振り返る。警察での事情聴取などと異なり，事実関係だけでなく，問題行動前のプロセス，そのときの児童の考えていたことや感じたこと，被害者の表情や言動なども含めて振り返る。

　心的負担が大きく，児童の否認，拒否のでやすいセッションであるが，避けて通ることのできないセッションである。うそをついたり，都合のいい言い訳をしたり忘れたふりをすることも多い。

　ここで本当のことを全部話せるかどうかが，治療効果に大きな影響を及ぼす大切なセッションであり，一番時間をかけることが多い。

　回数が限られている場合にも省くことのできないセッションである（ハンセン＆カーン，2009）。

6．問題行動のパターンの理解と再犯防止策を考える

　自分のやったことのふりかえりを元に自分の問題行動パターンを理解し，きっかけ，危険な前兆，危険な場所や時間帯，危険な気持ちや考え方などを知り，再犯防止策を考える。

　このセッションは自分のやったことの振り返りがきちんとできていると自ら気がつき，再犯防止策を立てることができることが多い。

　自分のやったことの振り返りと同様に省くことのできないセッションである（カーン，2009；ハンセン＆カーン，2009）

7．地域との交流（外出・外泊）

　外出・外泊の時期については本人の状態，家族の意向，入所施

設の体制，地域社会の受け入れ体制，被害者やその家族の状況など多くの視点から検討することが求められる。

地域との交流の時期はいろいろな要素を総合的に判断することになるため，マニュアル化することは難しいし，これが正解ということはない。

しかし，交流を始める前に関係者で情報を共有し，予想される問題や問題が起きた時の対応方法について確認をしておくことが大切である。また，本人にも予想される問題と問題が生じたときにはどのようになるのかを事前に説明しておくことが重要である。

入所支援を行う場合には避けて通ることのできない課題である。

8．地域生活に向けての準備

入園中の早い段階から進路を含めた退園後の生活について話し合いを進めることは大切である。

入所者の中には入所したことで将来への展望を持てなくなることがある。しかし，地域生活に向けて準備を進めることで，将来への希望を持つことができ，プログラムへのモチベーションが上がることもある。

9．家族の理解を深める

退所後，家族の支援は再犯防止に必要不可欠である。そのため，外出，外泊が始まった段階から家族の理解と協力を促していくことが求められる。

家族の中では「自分の育て方が悪かったのではないだろうか」「退所後，どのように接すればよいのかわからない」と不安を抱えていることも少なくない。

そのため，家族の不安や葛藤に寄り添いながら支援していくことが必要である。

10. 被害者およびその家族の立場に立って考える

　被害者およびその家族の立場に立って考えることができるようになると，自分のやってしまったことの重大さに気づき，不安定になってしまうことがあるが，被害者の気持ちを考えられるようになるとそのことが再犯の抑止力につながる。

　実際にはワークシートだけでなく，ロールプレイや漫画などを利用することも多い（ハンセン＆カーン，2009）。

11. 自分の家族の立場に立って考える

　自分の家族も間接的な被害者であり，家族の気持ちを考えることも再犯の抑止力になる。

　特に家族とのつながりの強いケースなどの場合には効果は大きく，被害者の気持ちを考えるより身近な存在である家族の立場のたって考えるほうが考えやすい場合もある。被害者およびその家族の立場に立って考える前にこのセッションを行うこともある。

　反対に家族のつながりが希薄な場合などには性問題行動の中に家族への抵抗（あてつけ）や苦しい気持ちをわかってほしかったなどのメッセージがこめられてることもある。

12. 合同ミーテイング，そして地域生活の再開

　施設内でのプログラム終了と地域生活での新たな目標設定，役割分担の確認のための合同ミーティングを実施する。

　性問題行動防止プログラムと家族支援プログラムそれぞれに行ってきた内容を親子ですり合わせることを通じて，家族の再統合を図る。

　特に性問題行動によってわだかまりが生じている場合にはそのわだかまりをとき，地域生活に向けてお互いにできること等を確認することが必要である。

13. 地域生活の見守り（アフターフォロー）

退所後に生活リズムが崩れていないか，再犯のリスクが高まっていないかなどを通所で確認していくことで再犯のリスクを下げることができる。

可能であれば児童だけでなく，家族との面接も並行して行うことが望ましい。

通所型支援と入所型支援について

児童相談所やカウンセリングセンター等に通所する通所型支援と児童自立支援施設や少年院などの入所施設に入所しその中でプログラムを行う入所型支援の2つがある。

やったことが重大で地域への影響が大きい場合などは入所型支援で行い，比較的，軽微で習慣化していなくて家族の支援体制が充実している場合に通所型支援を行うことが多い。

しかし，明確な分別はなく，そのときの状況（施設の受け入れ態勢）や家族の意向などによってもどちらの支援になるか決まることがある。

ここでは通所型支援と入所型支援のメリットとデメリットについて整理しておく。

《通所型支援のメリット》
- 家族との面接などを同時並行でき，家族との連絡調整や家族関係の評価などがしやすい。
- それまでの生活を大きく変えることがないので新しい環境への適応なども負担がない。
- 地域生活での評価が随時できるので，地域での評価がしやすい。

《通所型支援のデメリット》
- プログラム中断になりやすい。

- プログラム継続中に再犯のリスクが高くなる。
- 面接後の心理的な負担(面接のすることで性衝動が活性化したり,不安が強くなる)を考えると深い面接がしにくい。

《入所型支援のメリット》
- プログラム中断になりにくい。
- プログラム継続中に再犯のリスクが低い。
- 24時間体制でサポートできるので内省を深める面接がしやすい。面接が不安定になってもフォローができる。

《入所型支援のデメリット》
- 家族との連絡調整や家族関係の評価などがしにくい。
- 学校の転校や親元を離れての集団生活など新しい環境への適応が必要になる。
- 退所後の生活に向けて連絡調整が必要になってくる。
- プログラム実施者が入所施設の支援者と異なる場合などは関係機関が増え,支援者同士の役割分担・連絡調整など配慮が必要である。

＊児童福祉施設ではプログラムを実施できる支援者がいなかったり,配置されていても担当する子どもが多く,対応しきれない場合がある。その場合には児童相談所等の支援者がプログラムを行うことがある。

集団療法と個別療法について

支援形態では集団療法と個別療法と集団と個別の併用の3つがある。私はやったことの振り返りまでは個別療法を中心に行い,その後は集団療法と個別療法の併用をして行う。プログラム終了後はアルコール依存症のAAや断酒会のように定期的に集団療法で日常生活の振り返りをしていくのが理想だと考えている。特に複数回にわたり性問題行動を行い,習癖化している子どもに対してはフォローアップグループが必要である。

しかし，現実的には集団療法と個別療法を併用したり，フォローアップとして集団療法を行う体制を作れる場合のほうが少ないのだろう。

集団療法と個別療法のメリット・デメリットについて整理する。

《集団療法のメリット》
- 一度に多くの子どもの支援ができ，効率が良い。
- 集団がいい方向に進んでいる場合，自分一人ではないという仲間意識が高まりお互いに支え合い励ましあうことができる。
- ほかの参加者の意見を聞き，自分のことを振り返ることできる。

《集団療法のデメリット》
- 個別の問題や理解力の差があっても十分なサポートができない場合がある。
- 集団が悪い方向に進んでいると場合，性衝動を誘発したり，性問題行動の方法を学習する場合がある。

《個別療法のメリット》
- 個別の問題や理解力など個々のペースに合わせて支援を行うことができる。

《個別療法のデメリット》
- マンツーマンの対応のため，効率が良くない。
- 支援者と子どもの二者関係に陥りやすい。

本章では児童自立支援施設入所中の子どもの個別支援の流れを中心に説明している。そのため，集団療法や通所支援や知的障害を持つ場合や家庭内で起きた性の問題についてはコラムの中でふれる。

注
* 児童自立支援施設：不良行為をした子どもや将来不良行為をするおそれのある子ども，および環境上の理由で生活指導を要する子どもを入所させ，または保護者のもとから通わせて，社会生活に適応するよう指導を行い，その自立を支援することを目的とする施設である。
* 少年院：家庭裁判所から保護処分として送致された者を収容するための施設。懲役や禁錮の言い渡しを受けた 16 歳に満たない者のうち，少年院での矯正教育が有効と認められたものを，20 歳に達するまで収容することもできる。
* 児童相談所：18 歳未満の子どもに関するあらゆる問題について，地域住民からの相談に応じ，子どもの最善の利益を図るために，子どもや保護者に最も適した援助や指導を行う行政機関である。

第1章

出会いから
プログラム開始の合同ミーティングまで

　本書では主に性問題行動防止プログラムを実施するために児童自立支援施設に入所し、個別支援を児童相談所の支援者が実施するケースについて述べる。

合同ミーティングについて

　関係者と本人を交えてプログラム開始の合同ミーティングを行う。その後も必要に応じて合同ミーティングを行うことが望ましい。

　合同ミーティングを行う目的としては次のようなことである。

①子どもが大勢の支援者の前で、プログラムをスタートするにあたって意思表明することで、モチベーションの向上・維持につながる。
②多くの支援者が見守り、支援していくことを伝え、一人でやっていくのではないことを伝える場になる。
③　支援者たちの役割分担や連絡・情報共有の方法を明確にしておき、支援体制の混乱を防ぐことになる。

　合同ミーティングは通常、2部形式で行う。1部では子どもに関わる支援者が集まり、各支援者の役割分担や連絡・情報共有の方法やプログラムの実施場所や頻度などを確認する。特に児童相

談所など外部から支援者が入る場合には役割分担や情報共有の方法を明確にしていくことが必要である。

　2部では本人や家族を交えて行う。1部で確認された役割分担や連絡方法などを伝える。そして，本人からプログラムを開始するにあたって意思を確認し，各支援者からコメントをもらう。

ここまでの流れを具体例を通じて説明していく。

　日野　誠（14歳）中学2年生。近所の女児にいたずらをして，性問題行動防止プログラムを行うためにC家庭学園（児童自立支援施設）に入所している。
　鈴木陽一　X県南部エリア児童相談所心理士。経験年数8年の中堅心理士で，日野誠の性問題行動防止プログラムを担当する。プログラムを担当するのはこれが初めてである。精神科病院を経て現職につき，3年目である。

「誠君は5月に入所してから約2カ月です。最初のうちは腹痛や頭痛を訴えて保健室や寮の職員のところに行くことが多かったけど，最近は少なくなってきています。寮で彼の担当している豊田さんからも『6月後半から，慣れてきたから，そろそろプログラムを始めていいのではないですか』と報告がありました。それで今日，顔合わせをしようと来てもらいました。何か質問はありますか」

　本田さんが穏やかに口調で話し終わるとボストンフレームの眼鏡を外し，合板の丸テーブルに置いた。眼鏡の似合う理知的な顔立ちだ。本田さんは，C家庭学園心理士。経験年数18年のベテラン心理士でC家庭学園に配属になって10年になる。

「本田さんは今までたくさん性問題行動防止プログラムをやってきていますよね。このプログラムってカウンセリングなどとは

随分，違う気がするのですけど，行う上で気をつけたほうがいいこととかありますか」テーブルに身を乗り出して尋ねた。

「そうですね。プログラムが進むにつれていろいろな形で反応が出てくると思います。その感情に巻き込まれないように距離を置くように私は心がけています。あと，児童相談所から通う形になるので，寮職員や院内学校の先生と連絡を密にとることと役割分担をきちんとしておいた方がいいでしょう」

子どもと距離をとるのは苦手なんだよな。心の中でため息をつく。

本田さんは淡々と話を続ける。「とりあえず，日野君と関係が作れたら合同ミーティングをやれるといいでしょう」

「合同ミーティング？」

「そうです。鈴木さんは学園の職員ではなく，外から通ってくるわけだから学園の職員との顔合わせと役割分担，連絡方法の確認をした方がいいでしょう。日野君の動機づけにもなるし」

「はい」

カバンから革の手帳を取り出しメモをとる。

「それにお母さんとの面会もその時にできるといいです。寮担当の豊田さんも面会のことを気にしていたので」

「まだ，家族の面会をしていないのですか」

「ええ，まぁ」

学園入所後，大きな問題がなければ1カ月で面会，3カ月で外出・外泊が始まる。日野君は入所してすでに2カ月が経過している。面会をしていてもいいはずだ。

本田さんの顔を覗くとさりげなく視線をそらす。何かあるのだろうか。そのことは聞きにくい空気が流れたので，聞くのはやめた。

「他に気をつけたほうがいいことはありますか」

つい食い入るように聞いてしまう。初めての担当する性問題行動防止プログラムだ。少しでも情報を得て安心をしたい。

「通常の支援では一緒に考えて，サポートしていくけれど，性問題では支援者は登山で例えるならガイドみたいな存在です」

「ガイド？」

「対象者が頂上により安全にたどり着けるように道を示す感じです。スポーツで言えばコーチや監督のようなものです。常に主導権を握り引っ張っていくことです」

「そうですか……」

思わずため息が出る。無理だ。一緒に考え，悩みながら共に進むことをモットーにしているのに，コーチなんてできそうにない。

「プログラムのマニュアルみたいなものはないのですか」

藁をもつかむ気持ちで聞いてみた。

「マニュアルらしいものはまだできていないです。プログラムが行われるようになってまだそれほど歴史がなく，いくつか紹介した本を参考に行っているのが現状です。少年院ではプログラム化してきているようですが，それも改訂しながら使っているようです。まだまだみな試行錯誤しながら行っているのが現状です」

本田さんはバツが悪そうに薄くなりかけた頭をかいた。

「わかりました」

言葉とは裏腹に「もう何年も学園にいてプログラムも結構な数をやっているのだから，学園用のマニュアルくらい作っておいてくれよ。少年院とは対象も枠組みも違うんだし」と胸の奥で毒つく。

「通常の面接は私が担当するから何かあったら遠慮なく言ってください。じゃ，これから日野君を呼んできます」

本田さんは眼鏡をかけると合板でできた椅子から立ち上がった。

白いドアが閉まる音を聞いた瞬間，ため息と一緒に「やりたくねぇなぁ」と本音がこぼれ出る。

8畳くらいの部屋を見渡した。奥の壁に取り付けられたスチール製の棚には子どもたちが作成中のプラモデルやプレステなどが

所狭しと置かれている。右隅には箱庭が置かれている。木目調の壁には子どもが殴ってできたであろう穴ぼこがいくつかある。これまで入所児童の面接で使ってきて見慣れたはずの部屋だが，今日はやけに狭く重苦しく感じられる。

　気を取り直して日野君のフェイスシートに視線を落とす。

日野　誠（14歳）中学2年生
◆家族構成
母（41歳）専業主婦。父は10年前に交通事故で死去。
姉（19歳）昨年春に高校卒業後，東京で就職し，一人暮らし。
兄（16歳）定時制高校1年生。
◆中学校からの情報
　成績は普通でおとなしく，目立たないタイプ。友人は多くはないが数名いる。遅刻欠席が1年次に26日とやや多めであるが，大きな問題を起こすことはなかった。部活は美術部であるが，あまり参加していなかった。
◆小学校からの情報
　小学6年生の3学期に登校しぶりがあるが，その他は特に問題なく過ごしていた。物静かで算数と図工が得意で体育と国語が苦手な子あった。
◆学園入所後の心理検査等（本田心理士）から
　知的水準は標準であり，得意・不得意のバラツキがあるものの，発達障害等の診断がつくまでには至らない。
　自発的に話すことは少ないが，聞かれたことにはきちんと答えることができる。自分の感情を表に出すことが少ないが親和的である。
◆寮生活の様子
　入所当初は初めて親元を離れての集団生活で戸惑うことが多かったようである。特に朝のマラソンや農作業など体を動かす習慣がなかったのか，きつそうであった。
　最近は日常日課では問題なくこなせるようになってきたが，上級生への態度が悪くトラブルになることがある。
　基本的な生活習慣は身についており，職員との交流もでき，学力は良好である。

ここまで読むとどこにでもいる大人しい普通の中学生のイメージがわく。この後に続く「◆警察の調書から」は読み返す気がしない。一度読んだが，怒り，憎しみ，恐怖，不安といった負の感情が全身を駆け巡った。今読み直すと自分を見失いそうで怖い。

　テーブルにケース資料を雑に投げ置くと立ち上がり，窓の外に視線を移した。窓の下に広がるグランドでは白い野球の練習着姿の子どもたちがけだるそうに走っている。その先にあるプールでは水泳部らしき子どもたちが泳いでいる。

　ドアをノックする音がする。

「はい，どうぞ」

　思わず声がうわずる。ドアが開くとそこには細身のニキビ顔の男の子が立っている。うつむき気味の目に前髪が届き，表情はよくわからない。黒い髪の毛は濡れている。ティーシャツ，短パンから出た手足は青白く貧弱だ。どこにでもいそうな地味系の普通の中学生という感じだ。

「日野君かい？」

　硬くなって入口に突っ立ったままの少年に声をかけた。

「はい」弱々しい返事が返ってきた。

「これから担当になる鈴木です。よろしく」

　できるだけ感情を込めないように頭を下げる。それにつられるように少年が頭を下げ「よろしくお願いします」とつぶやく。

「そこに座って」テーブルの前の椅子に視線を向ける。

「はい。失礼します」

　小さく頭を下げ，椅子に座る。肩に力が入っていて緊張しているのが伝わってくる。

　礼儀正しく，素直そうな子だ。本当にこの子があんなことをしたのだろうか……。

「日野君はみんなに何て呼ばれている？」

　予想していない質問だったのか思わず顔を上げる。幼いあどけない顔をしている。しかし，その目からは感情が読み取れない。

「友達には誠。お母さんには誠ちゃんです」
「じゃ，誠と呼ぶのでいいかな？」
　ちゃん付けで呼ぶ気にはならない。少年は何も言わず頭を上下する。濡れた髪からしずくが落ちる。多分，今までプールに入っていたのだろう。
「学園の生活には慣れたかい」
　少し考えてから誠はゆっくりと話し出す。
「日課は覚えて生活にはついていけるようになってきたけど……」
　児童自立支援施設では時間ごとにやることが決まっており，その日課にあわせて行動することが求められる。まず最初にその流れに慣れることが必要だ。
「けど？」誠に次の言葉を促す。
「先輩とかとの付き合い方がうまくいかなくて。僕，部活をやっていなかったから先輩と関わることがなかったから」
「美術部じゃなかったっけ？」
　さりげなく誠のことは知っていることをアピールする。誠の一重の細い目を見開く。その瞳に驚きの感情が灯る。
「ああ……。でもほとんど出ていなかったし，そんなに上下関係がなかったから」
「ここでは上下関係がはっきりしていて先輩ともめてしまうことがあるってことかな？」
「よくわからないけど，怒らせてしまうことがあって。でも以前よりは少なくなってきたけど」
　これまでは同年代の子どもたちと深くかかわることなく生活することができたが，寝食を共にする生活ではそうはいかない。ここの生活に慣れるのにもう少し時間がかかるのかもしれない。
「困っていることとか不安に思うことはあるかな」
「特にないです」
　声が硬くなる。何かあるのだろうが，言っていいのか迷ってい

るのだろう。
「これからしたいこととかはある？」
「お母さんに会いたいです」声が少し大きくなり，感情がこもる。
「お母さんに会ってどうしたいんだい」
「何がしたいということじゃないけどとにかく会いたい。顔が見たい」
（母子の関係は強そうだな）
「いつになったら会えるんですか。1カ月過ぎたら面会できるんじゃないですか」
口調が強くなり，不満の色が混じる。
「豊田さんには聞いたの？」。豊田さんはC家庭学園T寮生活指導員で，経験年数4年の若手職員で誠のケース担当である。
「聞いたけど，今日，日野先生に会ってからだって」語尾がとがる。
何も聞いていないぞ。最初からこっちに振るのか。イラッとする気持ちに気がつく。それは面会の件を丸投げされたことだけでなく，重大な問題を起こしておきながら，面会を当然のことのように求めてくる誠に対してもだ。
「そのことは豊田さんや本田さんと相談して決めるから少し待ってくれないか」
できるだけ感情を込めないように話したつもりだが，語尾はとがった。
「わかりました」不満そうな返事が返ってくる。
「話は変わるけど，どうして学園にきたか，知っている？」
うつむく誠の顔を覗きこむ。表情がこわばるのがわかった。
「はい」短く無機質な返事が返ってくる。
「どうしてだろう」と言葉を発すると同時に鉛を飲み込んだような重さがお腹から伝わってくる。
沈黙が続いた。外から野球部の掛け声が部屋に飛び込んでくる。
どれくらい経っただろうか，随分長く感じたが，それほどでも

ないのかもしれない。やっと誠が重い口を開いた。
　「僕が悪いことをしたから……」勇気を振り絞って決意を固め，口にしたのか誠の体は震えていた。
　「悪いことって？」
　僕は短く息を吐き出すと続けて尋ねた。わかっていることなのにあえて言わせようとする自分が嫌な奴に思えてくる。
　「女の子に悪いことしたから」
　声が震えていた。泣くかな，と思った。けれど，誠はどうにかこらえた。唇をかんだ後，いろんなものを飲み込んだようだ。
　「そう。女の子にいたずらしたからだよね」
　悪いことをいたずらしたからに言い換えて確認をした。
　誠はテーブルを見つめまま動かない。
　「学園での目標を聞いてもいいかな？」
　「また同じことを繰り返さないようになるために」語尾が弱々しくなる。
　「そうだね。再犯防止のためにこれから僕と一緒に勉強をしていこうと思うけど，それでいい？」
　疑問形で確認しているが，有無も言わさない口調になってしまった。他の子どもの時にはこんな言い方をしないのに。自信のなさのせいだろうか。
　誠は無言でうなずく。
　「じゃ，今日はこれで終わりにするけど，話してみての感想を聞かせてもらってもいいか？」
　「感想ですか……」
　誠は頬のニキビを触り困ったような顔をする。
　「感想と言われても困るか」
　誠は何も言わずうなずく。
　「じゃあ先に僕から言おうか」
　頭を上下する。
　「そうだな。きっと初めて親と離れての集団生活で戸惑うことも

困ることも多いんだろうなと思った。それとここで何をしなくてはいけないのかをわかっていて安心した」
　一呼吸おいて言葉を続ける。
「なぁ，話して苦しくなったりつらくなったりしなかったか」
　できるだけ軽く言ったつもりだが，重く響く。
「大丈夫です」
「よかった。これから面接を続けていく中で，苦しくなったり，つらくなることがあるかもしれないけどその時には遠慮なく言ってくれ」
「はい」
「じゃ，これ次回までに考えて書いてきてもらってもいいかい」
　テーブルに紙を滑らせる。

　1．なぜ，学園に入ることになったのですか？
　2．学園でどのようなことができるようになりたいですか？
　3．今後，どのようになりたいですか？

「今日は話したことの復習だから」
　突き放すような口調になった。本来ならこんな一方的に宿題を出すことはしない。相談をして誠の了解を得てから始めるのに……。
　本田さんの『コーチや監督のように』という言葉が頭から離れない。
「はい」蚊の鳴くような返事が聞こえる。
　腹の中の暴れ馬が駆け巡る。もう限界だ。
「よし，じゃ今日はこれで終わりにしよう」
　立ち上がりながら声をかける。それに反応するように誠も立ち上がり，頭をぺこりと下げる。
「プールに戻ります」とつぶやくと誠は逃げるように部屋を出ていった。

第1章

　それを見届けるとトイレに飛び込んだ。下痢だった。嫌なことやつらいことがあるとすぐに腹をくだしてしまう。慢性神経性大腸炎だ。ベルトを締め直しながらトイレを出ると体中の空気を入れ替えるように大きく深呼吸をした。この2，3年は面接で下痢することはなかったのに……。体は正直だ。

　面接室に戻ると本田さんと豊田さんが待っていた。
　目が合うと長身の豊田さんはすっと立ち上がり深々と頭を下げる。
　髪の毛を短く刈り上げ，オレンジ色のポロシャツから日に焼けた出た腕にはほどよく筋肉がついている。まだいくばくかの幼さを残る顔立ちからは頼りなさを感じた。
「面接はどうでした」
　本田さんが座ったままゆっくりした口調で聞いてきた。
「ええ，まぁ」あいまいな返事を返す。どのように説明していいのか，よくわからない。
「とりあえず，ワークを出したので寮で一人の時間に考えてもらえると」
　テーブルに誠に渡したのと同じプリントを置いた。
「わかりました。自習後の自由時間にやらせます」豊田さんはワークを見ながら答えた。
「ワークを行う形ですね。それがいいと思います。私もワークを使うことが多いです」本田さんもワークを覗きこむ。
「今後は毎回，ワークシートで面接の振り返りをしていくので寮で管理してください。くれぐれも他の子にわからないように」
　C家庭学園は男児だけの施設で生徒数は約40人程度。そのほとんどが窃盗，傷害事件を起こして入所している。性加害で入所しているのはおよそ1割の4，5人だ。そのことは他の子どもたちには知られないようにしている。イジメが起きる可能性があるからだ。

「わかりました。それで……」豊田さんが途中で口ごもり隣に座る本田さんに視線を流す。

「鈴木さんの都合もあると思うけど，夏休みに入る前に合同ミーティングをやりたいのだけど，どうだろうか？　その時にお母さんとの面会も行いたいけれどいいだろうか？」提案とか助言という類ではなく，命令に近かった。有無も言わせぬ言葉の響きは苦手だ。

夏休みまで後2週間しかないだろうが，と思いつつも何も言えない。

「夏休みになると担任の五十鈴先生が参加できないし，お母さんから面会の希望も出ているから。少し早くて申し訳ないがどうだろう？」

本田さんがつけたすように話す。口調は相変わらず穏やかだが，断れないような強さを含んでいる。

「お母さんはどのように言われているのですか」

「頻繁に電話をしてきて，誠の様子を聞いてきたり面会の催促があったりで」

豊田さんの額にしわがより，困った様子だ。

「本来ならもう面会をしていい時期だし，状況によっては3カ月になるから外出や外泊も考えないといけないだろうし。しかし，外に出すことは慎重になったほうがいいと思いますが」と隣から補足する声がする。

入所後，1カ月で面会，3カ月で外出・外泊が始まる。しかし，性加害の場合には家族と面会させることや外に出すことに抵抗を感じるのはわかる。

「学園としてはどうしたいと考えていますか？」

「プログラムの行うために入所しているので，プログラムの進捗状況に合わせて親との交流を考えています」

おいおい，丸投げかよ。思わず豊田さんの顔を覗きこむ。一瞬，目が合うがすぐにそらされる。

「他の性加害のケースではどのように面会, 外出をしていますか」

感情を押し殺して本田さんに言葉を投げかけた。

「そうですね。多くが児童養護施設で問題を起こして入所しているか, 在宅の子でも虐待の問題を抱えているから。家族から積極的に面会を希望することはほとんどないです。こちらから家族の統合を促していくことが多いです」

眼鏡のフレームをいじりながら話す。

「それに小学生の場合には, 児童養護施設に戻ることがほとんどで, 中学生の場合には卒業まで学園にいて住み込み就職するので。知的障害を持つ子も多く, 知的障害施設に行く場合もありますね」

眼鏡を外してテーブルに置く。

要する家に帰らないから家族支援はそれほど必要なかったと言いたいのか。

「終業式の日に合同ミーティングを行い, その日にお母さんの面会もしましょう。日程の調整をお願いします」

テーブルに置かれたシートを片付けながら言った。

「お母さんへの連絡は？」豊田さんが遠慮がちに聞いてきた。

「私のほうでしておきます」

言葉がとげとげしくなるのを感じながら立ち上がる。

母親も大変そうだな。また, 腹に鋭い痛みが走る。

1週間後, 2回目の面接を行った。簡単なあいさつの後, 日常の様子を確認する。1週間では大きな変化もないが, 前回よりはお互いに緊張はほぐれてきた感じがする。

「ワークをやってきた？　やってきたなら見せてくれる」

誠は無言でうなずくと黒のエナメルバックからワークシートを取り出す。

> 1．なぜ，学院に入ることになったのですか？
> 小さい子にイタズラをした。
>
> 2．学院でどのようなことができるようになりたいですか？
> 同じような問題を起こさないようになりたい。
>
> 3．今後，どのようになりたいですか？
> 家に帰りたい。普通の高校生になりたい。

丁寧な字で書かれている。
「ちゃんと考えているね。どれくらい時間がかかった？」
「1時間くらいです」
「ちゃんと前回の話がわかっているようだから，次回は合同ミーティングをして正式にプログラムを始めようと思うのだけどいいかな」
「合同ミーティング？」不安そうな声を上げる。
「寮の担当の豊田さん，相談に乗ってくれる本田さん，学校の担任の五十鈴先生，それからお母さんに集まってもらってこれから誠が学園で何をしていくのか確認をするんだ。僕と2人だけでプログラムを行うのではなく，たくさんの人の支援を受けてやるものだからさ」
「お母さんも来るの」声が裏返る。うれしそうな困ったような複雑な顔をする。
「嫌なのかい」
誠の顔を覗きこむ。誠は右頬のにきびをいじりだす。
「会いたいけど，ずっと会っていなかったから」
「大丈夫だよ。合同ミーティングの件を伝えるのに連絡をしたけどお母さんも会いたがっていたぞ」
誠の目にうっすらと涙がにじむ。本当に会いたいんだな。
母親に連絡をしたときのことが頭に浮かぶ。しつこいほどの誠

の様子を聞いてきた。誠に会えることを伝えるととても喜んだが，すぐに外出のことや外泊のことを聞いてきた。とりあえず学園内の面会だけでその後のことは様子を見ながら進めていくことを強調した。後半はうんざりして早々と電話を切った。

「話は戻るけど合同ミーティグではワークでやったことを聞くからちゃんと自分の言葉で言えるようにしておいて」

「はい」

返事はするものの母親に会えることで頭がいっぱいのようだ。しかし，構わず話を進める。

「今後，このような流れで進めていくことになるから」

テーブルにプログラムの流れと書かれた紙を手渡した。

性問題行動防止プログラムの流れ
《目的》
・事件のことを振り返ることで全容を明らかにする。自分の行動・思考パターンに気づく。そして，同じような問題を二度と起こさないようにする。
・被害者の立場に立って考え，被害者とその家族に謝罪の気持ちを持てるようになる。

《今後の流れ》

1．出会い，そしてプログラム開始の合同ミーティング
2．自分のことを知ろう！
3．正しい性知識を身につける（性教育）
4．犯罪を繰り返すとどうなるかを理解する
5．自分のやったことの振り返り
6．問題行動のパターンの理解と再犯防止策を考える
7．地域との交流（外出・外泊）
8．地域生活に向けての準備
9．家族の理解を深める
10．被害者およびその家族の立場に立って考える
11．自分の家族の立場に立って考える
12．合同ミーテイング，そして地域生活の再開
13．地域生活の見守り（アフターフォロー）

《プログラムの特徴》
- プログラムの流れ，内容は状況に応じて変更，順序が変わる場合がある。
- プログラムはワークシートを中心に行っていく。
- 正直に事実や自分の気持ちを話すことは時によってはつらかったり，苦しかったするが，それが再犯防止の効果を高める。

《プログラムの役割・担当》
- 定期的に関係者（母，学園寮担当，学園学科担当，学園心理担当，児童相談所担当）で話し合い，みんなでサポートしていく。
- 学園寮担当はワークを一人で考えることが難しい場合にはと共に考える。また，学園生活全般でサポートする。
- 学園心理担当は学園で目標を持って生活できるように，定期的に面接を行う。
- 学園学科担当は学校生活全般と進路についてサポートをする。
- 母は退園後，同じような問題が生じないように支援者とともに退園後の生活を考え，より良い環境づくりをする。
- 児童相談所担当は性問題行動プログラムを担当し，退園後の生活のサポートを行う。

　用紙の内容に沿って説明をしていく。誠はその都度，うなずいている。
　「これでプログラムの説明は終わりだけど何かわからない点とか聞きたいことはある？」
　シートから視線を誠の顔へと移す。
　「あの……。このプログラムはいつまでやるんですか」遠慮がちに聞いてきた。
　「月1，2回のペースで行うつもりだけど，進み方は誠の様子を見ながら一緒に考えていこう」
　本当は「一緒に考えていこう」ではなく，こちらが主導権を握ってやらなければいけないのだろう。
　「プログラムが終わったら家に帰れるんですよね」誠の口調が強

くなる。

「その辺も相談しながらやっていこう」返事がしどろもどろになる。

「中学3年に上がるまでに終わりますよね」声に悲壮感が漂う。

「それは誠次第だ」突き放す口調になってしまった。激しい感情が一気に湧き上がる。

　自分のしたことを考えてみろ。

　イタズラされた子が今，どんな生活をしてるか，想像してみろ。

　イタズラされた子の親がどんな思いをしているか，考えてみろ。

　この段階でそのようなことを考えられるはずもなく，これらを考えられるようになることが最終的な目標である。しかし，この時には自分の激しい感情に振り回されていた。

　誠が肩を落とし小さくなっているのが視界に映り我に返る。

「そんなに家に帰りたいか」

「帰りたい」濡れた声が聞こえた。

　親のそばにぬくぬくと生活していたのが，一転して親から離され今まで接することのなかった粗暴な子どもたちの中に入れられる。自由に外に出ることもできない。親とも連絡することも制限され，日課に追われる毎日だ。家に帰りたくなるのも当然のことだ。

　被害者の気持ちと誠の気持ち。二つの感情が激しくぶつかり合い，横っ腹に響く。

「1週間後に合同ミーティングをするから。その時にワークでやった内容を聞くからもう一度復習しておいて」

「はい」

「じゃ，今日はこれで終わりにしよう」

　腹が鳴りそうになるのをこらえながら立ち上がった。

　1週間後，面接室に関係職員が集まり，役割と流れを確認した。その後，母親を交え，簡単なあいさつをする。

「お母さん，本当は学校の五十鈴先生も参加する予定でしたが，他の予定が入ってしまったので今日は参加できなくなりました。すいません」

本田さんが各自の自己紹介が終わるのを見計らって話す。

五十鈴先生が出れるようにと合同ミーティングを早めたのに。

チームアプローチが当然のように言われているが，全てにおいてチームアプローチが有効だとは限らない。チームが機能していればこれほど心強いものはないが，足並みが揃わなかったり，考え方がバラバラだったりすると裏目に出てしまうこともある。支援者同士で責任や役割を押し付け合ったり，反対に専門職意識が強すぎて縄張り争いが始まってしまうことも少なくない。

ふっと息を吐き出し気持ちを切り替える。紙を配りプログラムの説明を始める。

「ミーティングの後，誠君と二人で面会になります。面会にはこの部屋をお使いください」と説明を締めくくる。

母親は紙からゆっくりと視線を上げ，俺を見る。細い目でどこか値踏みをするような視線だ。小柄ながら中年太りで，暑さのためか，額に汗が浮かんでいる。

「今日は外出できないのでしょうか」

暑苦しい声で聞いてくる。頭上ではおんぼろのエアコンが威勢のいい音を立てているが，少しも涼しくならない。

隣の座る豊田さんは見るが，うつむいたまま反応がない。

「はい，今日はあくまでも院内での面会です。外出，外泊についてはこれからの様子を見て決めていきましょう」

ていねいな口調に心掛けたが，どこか突き放した感じの物言いになってしまった。

「これからの様子って具体的にいつからですか。もう入所してもうすぐ3カ月です。園のしおりには3カ月で外出外泊が可能となっていますが」

母親は，額の汗をハンカチでぬぐいながら聞いてきた。

「園の規則ではそうなっていますが、今日からプログラムが始まるので少し時間をもらえませんか。夏休み中に再度、面会の日を作りますから」

「面会だけですか」不満そうな声だ。

「はい」断ち切るように言った。これ以上話をすると自分が何を言い出すかわからないからだ。

「じゃ、誠を呼んでもらっていいですか」

隣の豊田さんに声をかける。豊田さんはパッと立ち上がると部屋を足早に出て行った。

「じゃ、そこに座って」

母親の隣の椅子を指さす。どこに座っていいのか困った様子の誠に声をかけた。ぎこちない動きで座る。母親とは目を合わせようとしない。

あれほど会いたかっていたのに。しかし、わからないでもない。事件以来、初めての面会だ。誠もどうしていいのか戸惑っているのだろう。

「元気でやっていた？」誠の耳元で甘ったるい声でささやくのが聞こえた。

誠は何も言わず、かすかに頭を動かす。

「これから合同ミーティグを始めます」

部屋の空気がピンと張りつめる。

「誠。なぜ学園に来ることになったのか話してもらえるか」

テーブルに身を乗り出しうつむきがちの誠の顔を覗く。能面のように表情がなく、固まっている。

クーラーの音だけが面接室に響く。横腹に鈍い痛みが走り、思わず手を腹に持っていく。

長い沈黙の後、誠は重い口を開いた。

「他人にイタズラをしたから」耳を澄ましていないと聞き漏らしてしまいそうな声がした。

「そうだね。誰にイタズラしたんだろう」ちゃんと確認しただろ。母親がいるから言いにくいのか。

「小さい女の子に」誠の細い肩が震えている。

隣に座る母親が鋭い視線を送ってくる。聞かなくてわかっているのだからいいでしょうとでも言いたげだ。

「小さな女の子にイタズラしたんだよね」改めで確認する。自分がすごく嫌な奴に思える。

「じゃ,学園ではどのようなことを学びたいのかな」

「同じことを繰り返さないようにプログラムを受けます」

「再犯防止のためにプログラムを一緒に行うんだよね。じゃ,最後に今後,どうなりたいのかい」

「普通の高校生」ぼそりとうつむいたまま話す。膝の上に置かれた拳を強く握っている。

「普通の高校生ってどんな感じ」

「普通の高校に普通に制服着て普通に通って……」吐き出す弱い息に乗せてぽつりと話す。

誠の言う普通の高校生の意味がよくわからないが,今確認する場ではないので話を進める。

「よく頑張った。これからここにいるみんなでサポートしていくから頑張っていこう」

できるだけ明るい声で言った。部屋に流れる重い空気を振り払うように……。

「お母さんから何かありますか」

「誠ちゃん……。あなたは……」

母親もそこで言葉を詰まらせる。急に誠の両手を握ると再び話を始めた。

「お母さんは,あなたに何があろうと私の子どもであることは変わらないし,愛する気持ちも変わらないから。一緒に頑張ろうね。お母さんはなんでも協力するから」

母親のふっくらした頬に涙が流れる。

だが，空疎だ。どこかで聞いたような台詞。空っぽの井戸に石を投げ込んだように心に響いてこない。

その後，性問題行動防止プログラムの流れに沿って説明をし，豊田さん，本田さんからコメントをもらい，儀式を終える。

「この後はこの部屋でお母さんと話して夕飯までには寮に戻っておいで」

豊田さんが誠の肩をポンポンと軽く叩く。その隣で母親が深々と頭を下げている。

部屋を出ようとドアノブに手をかけた瞬間，声が聞こえた。

「次の面会はいつになりますか」

「また連絡をします。とりあえず今日，ゆっくり話をしてください」

背を向けたまま言った。語尾がかすかに震えてしまった。自分のどんな顔をしているのか自信がなく，振り返ることができない。

「これから大変そうですね」部屋を出ると本田さんが他人事のように言った。

「ええ」

ムッとする気持ちを抑えて返事をするとトイレに向かった。

第2章

「自分のことを知ろう」について

「自分のことを知ろう」について

　子どもがどのような時にイライラしやすいのか？　怒りが強くなったときにどのような行動をとるのか？　どのようなことを考えると嫌な気持ちなるのか？　興味があることは何なのか？　自分が楽しいと思える時はどんなときなのか？　得意なこと・苦手なことなど自分自身のことを知ることである。その中で本人なりのストレス解消方法を見つけることも行う。

　そして，性問題行動の再犯防止だけでなく，これからどんな自分に成長していきたいのかを明確にする。

　このセッションは自分のことを知るだけでなく，支援者が子どものことを知り，信頼関係を構築するという目的も含まれている。

　「自分のことを知ろう」の主な質問項目と意図は次のとおりである（春日・埜崎，2013，pp.110-116）。

・あなたの良いところ・悪いところはなんですか？

　自分の長所・短所を確認する。多くの子どもは自己評価が低く，悪いところたくさん出てくるが，良いところが出てこないことが多い。一緒にできていることや良いところを探す。

　なかなか自分の長所が見つけられない場合には心理検査等を使って子どもの良いところ，苦手なところを共有することもある。

- あなたは何をしていると楽しいですか？
- あなたがほっとできるのはどのようなときですか？
- あなたがリラックスできる場所はどこですか？

　子どもの好きなことや安心できる場所を確認していく。

　プログラムの進むにつれて心理的負担が大きくなってきたときの気分転換方法を考える上でも参考になる。

- あなたはどのようなことを考えると嫌な気持ちなるのか？
- あなたは「うまくできるかな？」「失敗しないかな？」と心配していることはなんですか？
- 毎日の生活で困ってることや，今後こうしたいと思っていることはありますか？

　これらの質問は子どもが不安に感じていることや恐れていることについて確認をする。不安に感じていることや恐怖に感じていることに対して具体的に対策を話し合ったり，具体的な対応策が見つからなくても，その気持ちを知り共有することが大切である。

　ここで不安や恐れなどの嫌な感情に気がつけない，もしくはそのような感情を持つことはいけないことだと思い込み無意識に押し殺している場合がある。その場合には後述する感情を気づくワークを行うことが有効である。

- あなたはこれからどのような大人になりたいですか？
- 今後，どうしたいですか？

　性問題行動防止プログラムでは性問題行動の再犯防止に重点が置かれているが，退所後の生活のほうが，入所期間よりはるかに長く，退所後の生活について入所中から考えていくことが大切である。

　「高校に行きたい」「立派な大人になりたい」など最初は漠然として回答が多い。そこから話を深め，より具体的な将来像を描き，そのためには入所中に何をしていけばよいのかを考えていく。

「自分のことを知ろう」について
第2章

　また，多くの子どもは自分に自信がなく，好きではない。どんな大人になりたいのかを考えて，そのためにどのようなことをしていけばいいのかを考えていくことは大切である。

　身近（支援者等）に目標になる人がいるとその人の行動を真似るところから始めることも1つの方法である。

・家族の中であなたの相談に乗ってくれるのは誰ですか？
・家族以外であなたの相談に乗ってくれるのは誰ですか？

　家族内外に相談できる人を確認する。子どもの多くは人に相談するということを学んでおらず，相談することの大切さや意味を学んでいくことは必要である。

　家族関係を把握することもでき，関係修復のための支援が必要なのかも確認をする。

・あなたとにとって大切な人は誰ですか？
・あなたにとって大切な人のいいところはどこですか？
・あなたにとって大切な人の嫌なところはどこですか？
・あなたにとって大切な人とどのような関係になっていければよいと思いますか？

　子どもの中には大切に思っている人（家族，恋人等）がいることもある。その場合には大切な人が性問題行動のことをどのように思っているのか？　そのことで関係が変わったのかを振り返る。最初から被害者や被害者の家族の立場で考えることが難しい子どもであっても大切な人のことは比較的，振り返りやすい。

感情に気がつくワーク

　これらの「自分のことを知ろう」ワークとは別に自分の感情（特に怒り，イライラ，悔しい等）に気がつけない，もしくはそのような感情を持つことが悪いことだと思いこみ，無意識に押し殺していることがある。

そのような場合には感情に気がつくプログラムを行う。

1. この枠の空いているところ気持ちを表す単語を記入してください。

うれしい	苦しい
楽しい	ドキドキ
悲しい	つまらない

語彙が乏しい場合などでなかなか書けない時には支援者と子どもとで交互で埋めてゲーム感覚で行うこともある。

2. 上の枠の埋めた気持ちをいつ，どこでどのような場合に感じるかを説明してください。

1つ1つの気持ちについて聞いていくことで子どものことをいろいろな視点から知ることができる。自分の気持ちをうまく言葉で表現することが苦手な子どもも多く，このワークを通じて自分の気持ちに気づき，言葉で表現できるようになることが目的である。

子どもがうまく言葉で表現できない場合には支援者が例えば「雄二君が友達に遊ぼうって誘っても遊んでもらえなかった時につまらないって感じがしない？」というように具体例をあげて気持ちの共有を図る。ここで使う具体例は子どもにとって身近に感じやすい例が望ましく，普段から子どもの生活を観察しておくこと，もしくは身近で生活の様子を見ている人から情報を集めておくことが大切である（ハンセン＆カーン，2009）。

怒りのコントロールについて

性問題行動は性衝動の抑制が利かなくて起きるのではない。抑圧されてきた感情（怒り等）がコントロールできなくなって性問題行動として生じるのである。そこには抑圧された感情の発散，絶

対的支配欲，優越感を満たすために行われる。

そのため抑圧された感情（特に怒り）に気づき，その解消法を学ぶことが必要である（アトウット，2008）。

怒りのコントロールのシステムは後半で行う『問題行動のパターンの理解と再犯防止策を考える』と類似点が多く，早い段階で理解しておくと再犯防止策が立てやすくなる。

怒りのコントロール：はじめに

怒りを「ダメな感情」として排除するのではなく，避けがたい感情としてその扱い方を会得していくことが大切である。

怒りを感じること自体はコントロールできないけれど，怒りの取り扱いは上手になれる。

上達すればその怒りは誰にも気づかれない。怒りを心の中で感じても感じるだけなら誰も傷つくことはない。

相手を罵ったり，殴っても余計に腹が立つだけである。やけ食いをしたり，何かの薬を飲んでも一時しのぎにしかならず，問題はこじれやすくなる。

怒りのコントロールのコツ

1．自分が怒っていることをきちんと自覚する

自分の中で湧き起ってくる強い感情が「怒り」であることに気がつけると腹がたつことが減る。

2．怒りをため込まないで早めに処理をする

怒りはただ我慢していれば減るものではない。やはり早めに上手に処理する必要がある。自分なりのリラックス法を見つける。あまりに頭にきたときにはその場を離れる，別のことをして気を紛らわせるなども必要である。

3．怒りを感じやすい人，場所，時，状況を知っておく

自分が怒りやすい場所，相手，時，状況を知っておくことで回数を減らすことができる。つまり誰にどのようなきっかけで怒り

やすいかを知っていればそれを避ければいいのである。

怒りはじめてしまったら……
　怒りが加速しないように次のことに気をつける。

1）できるだけ丁寧な言葉づかいを心掛ける。
2）声は小さく，ゆっくりと話す。大声を上げたり，汚い言葉を使っているとその言葉を聞いている自分の怒りの火に油を注ぐことになるので注意する！
3）私は〜をつけて話す。言葉の最初に「私は〜と思う」「私は〜と感じている」という風に「私は」を付けることで自分の言いたいことや怒っている理由が整理できる。

ここまでの流れをケースの続きでみていく。

　獰猛な強い日差しが薄いカーテンをつき抜け差し込んでくる。外からはせみの鳴き声が聞こえてくる。
　とめどなくあふれてくる汗をタオルで拭いているとドアをノックする音がする。
　「はい，どうぞ」
　「失礼します」と頭を下げ誠が部屋に入ってくる。
　誠は首に巻かれたタオルをはずしながら遠慮がちに座る。青白かった手足は相変わらず細いが赤銅色に変わっていた。所々，皮がむけている。
　「今日も暑いな」
　誠はうなずきながらタオルで濡れた髪の毛を拭く。「でも，僕は今までプールに入っていたから」
　「もしかして水泳部かい」
　「人数が足りないって言われて入らされた」

へへっと軽い笑い声を上げ，嫌がっているようには見えない。

「前はクロールで25メートルがやっとだったのが，バタフライ以外の3種目は泳げるようになった。この夏で個人メドレーができるようになるって豊田さんが言っていた」誠は少し自慢げに話す。

「個人メドレーって4種目一人で泳げるようになるってこと？」

誠はうれしそうにうなずく。

C家庭学園に入所して4カ月がすぎ確実に成長している。子どもの成長の早さに改めて驚かされる。

いつまでも雑談を楽しんでいたいがそうはいかない。ふっと息を吐き出し気持ちを切り替える。

「面会はどうだった？」

「うん，大丈夫」誠はうつむいてしまう。

「どんな話をしたか聞いてもいい？」

「元気でやっているかとか，さみしくないかとか，そんなことを聞かれて，お菓子とジュースを持ってきてくれてここで食べた」うつむいたまま，ぼそぼそと話す。

「事件……。いや，やってしまったことの話はしたの？」

『事件』と口にして胃がずんと重くなり，嫌な気持ちが広がる。普段,事件という言葉は気にせず使っていたが,この場面で言葉にするとまるで警察官か少年院の看守にでもなった気分になる。自分は罪を裁くのでもなければ，償わせるためにいるわけではない。まるで矯正教育のような気がして違和感を覚えた。

「あーうん。何も聞かれなかったから」短い沈黙の後,硬い声が聞こえた。

合同ミーティングの様子から考えれば，聞かれなければ誠から話すことはしないだろう。でも親として真相を聞きたくないのだろうか。聞きたかったけど，怖くて聞けなかったのだろうか。親子関係が強そうだが，何か問題を抱えていそうだ。

「今日からプログラムに入っていくよ。ワークはやってきた？」

第2章

　誠はエナメルバックから水色のファイルを取り出し，テーブルに広げる。
「ここからは自分を知ろうということでどのような時にイライラしやすいのか？　怒りが強くなったときにどのような行動をとるのか？　どのようなことを考えると嫌な気持ちなるのか？　興味があることは何なのか？　自分が楽しいと思える時はどんなときなのか？　得意なこと・苦手なことなど自分自身のことを知ることから始めていこうと思うんだけど，いいかな」
「はい」
　はっきりした声が返ってくる。このプログラムはやってしまったことに直接関係なくお互いに取り組みやすい。導入にはちょうどいい内容だ。このプログラムを通じて信頼関係を作れればいい。

誠のワークシート

自分の良いところ。悪いところはどこですか？
・良いところ
怒ったことがない。
人にやさしくすることができる。

・悪いところ
すぐになんでもあきらめてしまう。
嫌なことやつらいことがあるとすぐに逃げてしまう。
自分に自信がない。
優柔不断。

将来の希望
プログラマー

どのようなことを考えると嫌な気持ちになるか？
事件のことを思い出す。今まで10回くらい。悲しくなり涙がでる。
最初から最後まで思い出し，何でそんなことをしたのか後悔する。

「自分のことを知ろう」について

第2章

> 「うまくできるかな？」「失敗するかな？」と考えて心配することは？
> 文化祭とかで人前に出ることがある場合に緊張する。時には腹が痛くなることがある。

　ワークシートを見ていくと心臓がドクンとうなるのがわかる。後半に事件のことが書かれている。動揺していることが悟られないように平静を装う。
　「難しかった？」
　「後半が難しかったです」
　子どもらしい笑みを浮かべて髪の毛をかき上げる。
　プログラムが始まると言葉遣いが変わった。けじめをつけることができる。
　「でもよく書けていると思うよ。最初から一緒に見ていこう。良いところで『怒ったことがない』とあるけど……。あまり怒らないのか」
　じっと誠の顔を覗き込む。言葉以外の感情を読み取るために。
　「怒ることっていいことじゃないから。それに人ともめることが嫌いだからもめないようにしていたら怒らなくなりました」一言一言，丁寧に話す。
　その言葉にうそはなさそうだ。しかし，ここに問題を起こしてしまった原因の1つを垣間見た気がした。
　「怒りを感じることは悪いことだと思っているんだ」
　「違うんですか」誠の顔に動揺の色が混じる。
　「怒りを感じない人はいないんじゃないか。少なくとも俺は感じるし，感じることは悪いことじゃなく，それをどのように扱うかが大切だと思うんだ」言葉を切り，椅子の背もたれに身を預けた。誠は真剣な表情で見つめてくる。
　「誰かに嫌なことをされたり，意地悪をされたらどんな感じがす

る? 例えば寮でテレビを見ていて,先輩に急にチャンネル変えられたりしたらどうだろう?」

「すごく嫌だと思うけど,グーッと腹に力を入れているともやもやとしてきて嫌な気持ちがぼんやりしてくる」誠は袖で流れる汗を拭きながら話す。

「そうしているとどんどん体の中に嫌な気持ちがたまっていく感じがしないかい?」

「だから時々,お腹が痛くなったり,夜に嫌な夢を見て起きてしまうのかも」

腹が痛くなるのか。似ているな。悪いところも俺と同じだ。重なることが多く,気持ちを重ねやすい。もっと凶悪な歪んだ考え方をすると思っていたが,そうではなさそうだ。

「風船と同じでだんだんと嫌な気持ちがたまっていき,最初は夢を見たりしながら最後には破裂するんだよ」

誠は細い目を一瞬見開きはっとした後,テーブルに視線を落とす。破裂が何を意味するのかわかったようだ。今はこれ以上突っ込まないようにしよう。

「次回,怒りのコントロールの説明をしたほうがいいかな」

「はい,お願いします」

静かに頭を下げる。本当に礼儀正しい。いい子過ぎることがどこかでひずみを生み,大きな爆発になるのかもしれない。

「人にやさしくできるのは誠を見ているとわかる気がする」

誠はうれしそうな照れたように頬をゆるめる。

「次はすぐにあきらめてしまう。自分に自信がないってどんな感じか説明してくれる?」

スムーズに言葉が出る。面接に慣れてきた。この感じで進められればいいな。

頬のニキビをいじりながら言葉を選んでいるように見える。そして誠がゆっくりと話し始める。「僕……いつも嫌なことから逃げてきたんです。人ともめるのも嫌で逃げてたし,スポーツも嫌で

すぐにやめてしまうし。勉強もわからないとすぐにあきらめてしまうから成績も良くないし」

ここで言葉を切り，あごに力が入るのがわかる。

「だから，いつも自分に自信がなくて，自分が好きじゃなくて」後半は濡れた声になる。

「自分のことをよくわかっているな」

思わず思ったままの言葉がこぼれる。誠の目には涙がたまっている。泣くのかと思っていたらこらえた。

泣いてしまえばいいのに。そのほうが楽になれるのに。

将来の希望に話を進める。

「将来はプログラマーになりたいのか」

「はい，まだはっきりしないけど，パソコンをいじるのやゲームをするのが好きだから，コンピュータに関係する仕事ができるといいなと思っています」

「自分のやりたいことがあるっていいよね」

照れくさそうな笑みを浮かべている。

「やってしまったことを思い出すのはどんな時にどこでが多い」

吐く息に乗せて一気に言った。語尾が震えることがなく，うまく言えた。

「部屋で一人になったときに急に出てくる」誠の口調が荒くなってくる。

「なぜ，涙が出てくるんだろう」

「わからない。でも何でこんなことしちゃったのかと思って後悔している。最後にはお母さんにごめんなさいと思っていて，いつの間にか涙が止まらなくなってくる」肩が振るえ，あごの線が動く。きっと歯を食いしばって泣きそうになるのをこらえているのだろう。

しかし──謝るのが母親か。被害者やその家族ではないのか。どうして被害者のことを考えられないんだよ。今まで出会った性被害者たちの苦しそうな悲しそうな顔が頭に浮かぶ。イラつく自分

に気づく。深く息を吐き出し気持ちを落ち着かせる。

「今まで 10 回くらい思い出したのか」それでも語尾がとがってしまった。

「なるべく，考えないようにしているけど，気がつけば考えている」

声が震え，息遣いが聞こえてくる。自分の鼓動も早くなるのがわかる。

「いつの間にか考えてしまうんだね。話していてどんな感じ？ 苦しくないかい」

誠なりに苦しんでいることが感じられ，口調が慰めるようになってしまう。

被害者と加害者の立場を行ったり来たりで自分が自分でない感じだ。

誠は無言で首を上下に動かす。

「これまでにやってしまったことを誰かに話したことはあるか」

「け，警察の取調べで」

警察からもらった調書のことが頭に浮かぶ。ことの全容が頭に浮かび気持ち悪くなる。

「あと，一時保護所で松田さんというおばさんに警察の資料を見ながら内容の確認をされました。1 回だけだけど……」

誠が問題を起こしたのは 3 月の春休みに入ってすぐのことだ。その後，警察を経て，すぐに児童相談所の一時保護所に身柄を移された。そのとき，私は集中研修のため東京に出ており，主任の松田さんが担当になった。子ども心理 25 年のキャリアを持つ女性職員である。松田さんは女性が性加害児の担当することに難色を示したが，センターの処遇方針として国立の児童自立支援施設入所方向で出ていたため，それほど長く関わることがないと思ったらしく渋々，承諾をしたらしい。

児童自立支援施設は全国 57 カ所にある。そのうち男女それぞれ 1 つずつ国立の児童自立支援施設があり，地域の児童自立支

施設で対応困難な子どもの受け入れを行っている。

　しかし,誠は初犯であり,他の非行歴もないために県立のC家庭学園に入所になり,性問題行動防止プログラムを行うことになった。松田さんは女性が性加害児の担当はできないと主張した。その段階で担当が替わったのだ。

　女性が男児性加害児の支援をしてはいけないという決まりはない。支援者であれば,加害児,被害児の両方の対応ができたほうがいい。私が性被害を受けた女児の支援を行うことも多い。それは私がNOを言えない性格だということもあるのだが。

　今は誠と関わっていると被害を受けた女の子たちの顔が浮かんできて,感情のコントロールが難しくなる。しかし,プログラムの後半では被害児やその家族の気持ちを考える必要も出てくる。そのとき,被害を受けた女の子たちから教わってことがきっと活かされると自分に言い聞かせる。

　「警察では事実確認だよね。そのときの気持ちとか何を考えていたのかとか。後はことの前後のことだけでなく,そのことを考え始めたときのこととかは話したのかい」

　「それはない」声がくぐもる。テーブルに雫が落ちる。汗ではない。きっと……。

　「それ以外にばれていないこととかもあるんじゃないかな」

　誠の肩がビクンと跳ね上がり,その後は固まってしまう。

　やはり今回のことだけでなく,他にも同様のことがあったのだろう。

　胃の辺りに鈍く重い痛みが走る。誠と重なる部分が多い感じもしてきたけれど,やはりどこか遠い存在にも思えてきてもどかしい。

　「自分ひとりで抱え込みのではなく,それを他者と共有することで抱えているものが少し軽くなるんじゃないかな。もちろん話すことはとても勇気のいることだけど,自分の気持ちを整理しないと前に進めないんじゃないかな」

誠の耳元で一言一言をやわらかい紙でくるむようにゆっくりと話した。

誠は固まったまま動こうとしない。

「もちろん今すぐじゃないけど。もう少し面接を重ねてお互いのことを知って，誠が話しても大丈夫だと思えてからだけど」つい言い訳めいた口調になってしまう。心臓がバクバクいって口から飛び出しそうだ。

誠がかすかにうなずく。

最後の項目を簡単に確認する。この部分は自分にも同じようなことがあるのでよくわかる。嫌なことがあると体に出やすいタイプなのだろう。

「そろそろ終わりにするけど，話してみてどうだった？」

「自分の気持ちを話せてよかったです」

「苦しくはなかったか」

誠の顔を覗きこむ。

「大丈夫です」

声がかすれている。相当疲れたのだろう。自分も上がったり下がったりジェットコースターに乗っているような面接に疲労感が全身に広がる。

それでもプログラムの見通しが立った気がする。抵抗や拒否が出ると言われているが大したことはなさそうだ。次回のワークを渡し，立ち上がり3回深呼吸を一緒にして気持ちを切り替えて面接を終わる。

8月下旬になっても涼しくなる気配はない。今年も残暑が厳しそうだ。目の前に座る誠は最初会った時とはまるで別人のようになっている。肌が真っ黒に日焼けし，細かった肩も一回り大きくなったようだ。

簡単な挨拶をして近況の確認をする。来週に水泳大会があり，2種目に参加することなった。時々，緊張し腹が痛くなると話して

いた。しかし，最後に「以前なら嫌でサボっていたけど，ここだとサボれないから逃げないようになれるかも」と照れ笑いを浮かべながら話している。

　入所して早4カ月。どんどんと変化をしている。つい頬が緩んでしまう。でも，性問題行動防止プログラムを行うのに，ニヤニヤしているわけにはいかないのだろう。

　話がひと段落したところで怒りのコントロールのワークシートを渡す。シートにそっと説明をしていく。時折，誠の顔をのぞくと真剣な眼差しでシートを見つめ，何度か思い当たる節があるのか，深くうなずいている。

「これで説明は終わるけど，何かわからないことや聞きたいことはある？」

　シートから視線を誠の顔に移す。熱心にシートを見つめている。
「大丈夫です。なんとなくだけどわかった気がします」

　なんとなくか。それが本当のところだろう。1回ですべてを理解するのは難しい。

「最初はなんとなくでいいよ。今は怒りやイライラの感情に気がつけることが目標になるね。今まで怒りはいけないことだと思って無理やりなかったことにしてきたけど，これからは自分がムカついているとか，怒っているんだったことを感じられるところから始めよう。それだけで随分と変わってくると思うから」

　誠が力強くうなずく。
「次は宿題をみせてくれる」

　誠は急いでやってきたファイルを開く。

　毎回，きちんとワークをやってくる。最初，心配だった拒否や反抗はない。もちろん適応しているように見せかけ，プログラムを早く終わらせようとする子どもがいるが，誠はそうではなさそうだ。プログラムが円滑に進んでいるのは誠の本来の性格よるものにちがいない。

「ワークはどうだった」

第2章

「今回はやり易かったです」はっきりした口調で返事が返ってくる。

誠のワークシート

家族・友人などのソーシャルサポートの状況
1．家族の中であなたのことを理解して相談に乗ってくれる人は？
母とR

2．家族の以外であなたのことを理解して相談に乗ってくれる人は？
中学の友達

生きがい・今後の希望
1．あなたは何をしているときが楽しいですか？
イラストを描いているとき。ゲームをやっているとき。友達と遊んでいるとき。

2．今後にどのようになりたいですか？
先輩とうまく付き合えるようになりたい。
善悪の判断がつくようになり、また、同じような過ちを繰り返さないようになる。
普通の高校生になりたい。

ワークシートを沿って話し合いをしていく。誠が話していたようにスムーズに進んでいく。友人関係の部分を除いては。

一通りのワークを振り返ると吐き出す息に乗せて尋ねた。

「相談できる友達って何人くらい？」

「2人。そんなに友達が多い方じゃないから」誠が恥ずかしそうに答える。

「別に少ないことは悪いことじゃないと思うけど。どんな感じの友達なの」

第2章　「自分のことを知ろう」について

「別に……。一緒にゲームをしたり漫画を読んだりする。二人とも美術部の幽霊部員」へへっと紙をこするような笑みを浮かべる。
「会いたいなぁ。どうしているかな」

一呼吸置いて天井見上げてつぶやいた。それは独り言のようにも聞こえた。

「会いたいって，友達は誠がここにいることは知っているのかい」

誠は無言で首を横に振る。

「学校を離れた理由は？」

「多分，知っていると思う」誠の顔がこわばる。

「それでも会いたいと思うのか」思わず誠の顔をじっと見つめてしまう。

「会いたいです。また一緒にゲームをしたい」誠は遠くを見るような目をしてつぶやく。

「今まで通りに会えるのかい」

誠はうなずく。そのしぐさに強がりや嘘は感じられない。

なぜ，今まで通りに会えると思うのかわからない。自分のしたことの重大さに気づいていないのだろうか。今はこれ以上，深めるのは早い気がする。もし，事の重大さに気がついたら，その重さに押しつぶされてしまいそうで怖い。

それとも私が重大なことと向き合わせることに自信が持てないだけなのかもしれない。せっかく誠とも関係ができてきてプログラムが軌道に乗り始めているのに，それが壊れてしまいそうで怖いのかもしれない。

どちらにしても今日の面接はこれで終わりしよう。

9月になっても一向に涼しくなる感じはしない。白いポロシャツがべっとりと背中に張り付く。タオル地のハンカチで顔から流れる汗を拭きながら誠が来るのを待つ。

相変わらずエアコンの音は威勢がいいが涼しくならない。そろ

そろ新しいクーラーを入れてほしいものだ。

誠が面接室に入ってくる。真っ黒に日焼けした顔や腕のせいか,ワイシャツの白さはまばゆい。右手には水色のファイルを持っていた。

「水泳大会は残念だったな」

「ええ,まぁ。でも最後まで逃げないでやれたから」

プール焼けして茶色くなりかけた髪の毛をかきあげながら話す。

誠は水泳大会の個人メドレーで4位だった。3位までが表彰されることになっていたのでもう一歩だった。

それでもほとんど泳げなかった誠がひと夏で個人メドレーを泳げるようになったことだけでもすごい成長だし,自信につながるにちがいない。

「嫌だったのか」

「嫌というか,途中で立ったり足がつってしまうんじゃないかと不安で前日から腹が痛かった。でも逃げないで頑張れたからよかったです」

「よく頑張ったな」気持ちを込めて言った。

「それとお母さんが応援に来てただろ」

誠の頑張っている姿を見せたくて,面会を水泳大会に合わせたのだ。

「お兄ちゃんも来てくれたけど」声が小さくなり,うつむいてしまった。

「けど? どうした?」

しばらくして誠は途切れ途切れに話し始めた。

「お母さんもお兄ちゃんも元気だったけど……。4月に引っ越しをしてアパートに2人で暮らしているみたい。お兄ちゃんが話してくれた」

誠は引っ越しをしたことを知らされていなかったのか。母親からではなく兄から聞かされたのか。そのことに違和感を感じる。

事件後,被害者の家族との話し合いで慰謝料以外に引っ越しを

することと被害者の居住地域には立ち入らないことが示談の条件になったことは松田さんからの引き継ぎの時に聞いていた。慰謝料がいくらかは不明だが，持ち家を売らなければ支払えなかったのかもしれない。

「どうして引っ越さないといけなかったのだろう」誠の体は小刻みに震えている。寒いわけではないはずだ。

部屋に重い空気がたちこめる。エアコンの音だけがやけに耳につく。額の汗がテーブルに落ちた瞬間，誠は顔を上げ話し始めた。

「僕が問題を起こしたから住めなくなったんじゃないかな」

他人事のように話す。でもその苦しそうな表情から他人事のようにしか言えないのだとわかった。

「問題を起こしてしまったから家族は近所の目とかが気になって住めなくなったと思っているということでいいかい？」

誠はゆっくりと首を縦に振った。

「そうだね。俺もそう思う。引っ越ししなくてはいけなくなったことはどう思っている？」はっきりした口調で伝えた。

「家族の申し訳ないことをしたと思っている」

「申し訳ないことをした誠が今できることってなんだろう？」額の汗をハンカチで拭いてからゆっくりと尋ねた。

「プログラムを頑張ること」

「それと学園の生活をしっかりと送ることの2つだね」

「はい」とかすれた声がした。

思いのほか，動揺している。自分の気持ちを切り替えるように事務的な口調で言葉を発した。

「ワークを見せてくれるかい」

誠は無言で膝の上にあるファイルをテーブルに広げた。

誠のワークシート

> あなたにとって大切な人は誰ですか？
> 母
>
> あなたにとって大切な人のいいところはどこですか？
> やさしくて怒らない。
> なんでも理解してくれるところ
>
> あなたにとって大切な人の嫌なところはどこですか？
> なし
>
> あなたにとって大切な人とどのような関係になっていければよいと思いますか？
> なんでも相談できるようになりたい

　項目に沿って確認をしていく。母親のいいところややさしくしてもらった思い出話はどんどん出てくる。本当に母親が好きなのが強く伝わってきた。反対に嫌いな面を改めて確認をしたが，1つも出てこない。誠にとって完璧な母親らしい。

　しかし，気に入らない。母親の嫌な部分がなく，いい所しかないと思っている中学2年生っているのだろうか。

　「お母さんのことは大好きだし嫌なところは1つもないということだけど，なんでも話せる感じではないのか」

　「一緒にいて楽しいし，いろいろな話はするけど，困ったこととか，話さないかも」誠はじっくり考えて返答した。

　「もう中学生だしなんでもかんでも話をする必要はないし，秘密の1つや2つあって当然だと思うけど」一呼吸おいて次の言葉を続けた。「面会の時に女の子にイタズラしたことは話したのか」

　話しながら鼓動が早くなるのがわかる。

　誠の肩がビクンと跳ね上がり体が硬くなる。

　「……話していない」勇気を振り絞ったのか声が震えている。

　『どうして話さないのか』という言葉を飲み込む。きっと聞いて

「自分のことを知ろう」について
第2章

も答えられないだろう。それにこれ以上追い込むと壊れてしまいそうで怖い。いや，誠と向き合う自信がないから問題を先延ばししているだけかもしれない。

「お母さんと楽しいことだけでなく，きちんと相談できるようになりたいということでいいかい」

誠は無言でうなずく。

仲の良い親子であることは間違いないだろう。しかし，大切なことは向き合わずに生活してきたことが窺える。

「これから先，退所した後，同じ過ちを起こさないためにはお母さんの協力は必要だからな。何か困ったことがあったときに相談できるようになることが大切だな」

「えっ」誠はびっくりした様子だ。

「誠にも頑張ってもらうけど，1人だけでは限界があるからお母さんにも協力してもうつもりだけど，いいかい？」

「お母さんに事件のことを話すの？」誠が遠慮がちに聞いてくる。

「どこかで説明する必要があると思うけど。嫌なのか」

通常の支援では本人が嫌がる場合には家族に情報提供はしない。しかし，性加害支援の場合には家族の協力は不可欠で，本人が望まなくても情報提供することが必要になるだろう。

「わからない……。いつ話をするんですか」強張った低い声だった。感情を抑えているようにも聞こえる。誠の眉間にしわが寄っている。自分の感情に気がつけているだろうか。

「まだ，先になると思うよ。話す前に誠にちゃんと相談するから一緒に考えよう」

「はい」

　水泳大会の翌日の母親からの電話が頭に浮かぶ。

最初は誠の頑張って泳いでいる姿に感動したと涙声で話していた。どこか大げさで演技がかった感じだったが，5カ月前にはもやしのような子が劇的な成長したことに素直に喜んでいるのだと

言い聞かせた。

　後半は10月が誠の誕生日なので外でお祝いをしたいという希望に終始した。返事をあいまいにしていたら、「もうすぐ半年がたつのにいつになったら外出ができるのか」「性加害の子だからいつまでも外に出せないのか」とまくしたてられた。

　被害者の気持ちを考えると外に出て楽しんでいいのかという気持ちはあったが、息子を誕生日を祝いたいということは当然のことである。結局、関係職員に相談の上、改めて連絡をすることで理解してもらった。

　できればやったことの振り返りまで終わらせてから地域との交流を始めたいが、そうなると早くても冬休みになってしまう。それに全てのプログラムを終了したから再犯はない、などとは言えない。でも、どこかの段階で地域との交流を始めなくてはいけないことも確かである。

「お母さんから外出の希望が出ているけど誠はどうしたい？」

「外出したいです」声は小さいが、輪郭のはっきりした口調だ。

「どこに行きたいのか？」

「ゲームセンターとか、本屋とかに行きたいです」

「わかった」と言いながらファイルを閉じる。この後、関係職員に集まってもらい、外出について話し合う予定なのだ。横腹に鈍い痛みが走るのを感じながら立ち上がった。

第3章

外出，そして性教育について

地域との交流（外出・外泊）について

　入所施設で性問題行動のある子どもの支援を行うときにはどの段階で，いつから地域との交流をスタートするのかということがテーマになる。

　外出・外泊の時期については本人の状態，家族の意向，入所施設の体制，地域社会の受け入れ体制，被害者やその家族の状況など多くの視点から検討することが求められる。

　地域との交流の時期はいろいろな要素を総合的に判断することになるため，マニュアル化することは難しいし，これが正解ということもない。

　しかし，交流を始める前に関係者で情報を共有し，予想される問題や問題が起きた時の対応方法について確認をしておくことが大切である。また，本人にも予想される問題と問題が生じたいときにはどのようになるのかを事前に説明しておくことが重要である。

　初回の外出・外泊の注意点としては次のようなことが考えられる。

1）「問題行動のパターンの理解と再犯防止策を考える」で学んだきっかけ，危険な前兆，危険な場所や時間帯，危険な気持ちや考え方を改めて確認する

　危険な前兆が出た場合には速やかに外出を中止する。危険な場

所には近づかないことを確認する。「問題行動のパターンの理解と再犯防止策を考える」を行っていない場合には問題行動があった場所や被害者に関連する場所や人たちには近づかないようにする。

2）出来る限り単独行動は避け，大人と一緒に行動するように心がける

　回を重ねるごとに段階的に単独行動の時間も設けるようにする。

3）もし問題行動があった場合にはどうなるのか（法的対応）について説明をしておく

4）外出は余暇活動として行うのではなく，地域生活に向けての練習であることを動機づけする

5）外出・外泊終了後には振り返りを行う
　振り返る項目としては，

　①外出・外泊をしての感想
　②危険な前兆は出なかったか？
　③危険な場所には近づかなかったか？
　④被害者に関連する対象者に会ってどのような感じがしたのか？

振り返りでは正直に話すことに重点を置き，出てきた課題についての対策を一緒に考えるという姿勢が大切である。

マスターベーションのやり方について

　マスターベーションは性欲解消の有効な方法である。しかし，マスターベーションが性問題行動のきっかけになることもある。正しいやり方を学び，実行することが必要である。

1）運動したり忙しくすることで，マスターベーションにあまり時間を使わないようにすること。
2）寝室やトイレのようなプライベートな他の人のいない場所だけでマスターベーションすること。
3）やるべき時，頻度を知っておくこと。ペニスが痛くなりだしたら，もっとやさしくするか，しばらくやめておく必要がある。
4）怒ったり，イライラしたりしている時にはマスターベーションはしないこと。マスターベーションしたら落ち着けるかもしれないが，怒りと性的なものの間によくない関係ができてしまう。マスターベーションするのに一番良いのは気分が良く機嫌が良いときが望ましい。
5）マスターベーションは手で行い，器具やローションなどの使用は控える。
6）マスターベーションをするときには，被害者や暴力的な行為を考えないこと。自分の同年代の誰かとの愛情に満ちた関係を想像すること。

（カーン，2009）

　1）～3）については一般の性教育と同様である。4）～6）については性問題行動プログラム特有の項目である。特に6）については想像するくらいはいいのではないだろうかという考える支援者もいるだろう。しかし，性問題行動はアルコールや薬物などの依存症と同じメカニズムを持っている。アルコールや薬物の場合に禁酒や断薬を目標にするのと同じで性問題行動に関することはすべて取り除くことが望ましい。

　マスターベーションのワークとしては次のようなことを話し合う。日常生活ではあまり話し合うことのないテーマで抵抗があることも少なくない。抵抗が大きい場合には，話し合う目的を丁寧

に説明し，時間をかけて行うことが望ましい。

1) マスターベーションをするようになったのはいつからですか？　どうやって覚えましたか？

　性加害者の中には精通がなかったり，自慰行為をしたことのないケースがある。その場合には精通，自慰行為についての説明をする必要がある。

2) マスターベーションは週に何回くらいしますか？
3) マスターベーションは主にどこで行いますか？
4) マスターベーションはどんな時に行いますか？

　頻度・場所を確認して適切な頻度，場所で行えていない場合には行動修正をする必要がある。

5) マスターベーションはどのようなことをイメージして行っていますか？

　性問題行動のことやレイプなどを想像しながらマスターベーションを続けていると想像と現実の境界があいまいになり，性問題行動を助長することがある。お互いの了解が得られるような，対等な関係での性行為を想像しながら行うように促す。

少年事件の流れについて

　今回の処遇が法的にどのような位置づけになるのか，また同様の問題を起こしたときにはどうのようになるのかを学ぶ。再犯した場合にはどうなるのかを知ることは再犯への抑止力になる。

　少年とは，満20歳に満たない者を意味し，家庭裁判所の審判に付される少年は次の3つに区別される。

1) 犯罪少年：満14歳以上で罪を犯した少年。
2) 触法少年：満14歳未満で1) に該当する行為を行った少

外出，そして性教育について

第3章

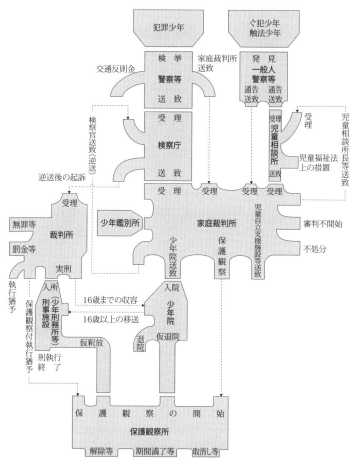

図　少年事件の流れ（廣瀬，2013）

年。満14歳未満の少年については刑事責任を問わない。
3）ぐ犯少年：保護者の正当な監督に服しない性癖があるなど，その性格または環境に照らして，将来，罪を犯し，または刑罰法令に触れる行為をするおそれがあると認められる少年。

[67]

家庭裁判所は，犯罪少年のうち，死刑，懲役または禁錮に当たる罪の事件について，調査の結果，その罪質および情状に照らして刑事処分を相当と認める刑事処分を相当と認める。また，故意の犯罪行為により被害者を死亡させた事件で，罪を犯したとき満16歳以上の少年については，原則として検察官に送致しなければならない。家庭裁判所から事件送致を受けた検察官は，一定の例外を除き，起訴しなければならないとされている。その他の犯罪少年，触法少年，ぐ犯少年については，知事・児童相談所長に送致する。保護処分（保護観察，児童自立支援施設または児童養護施設送致，少年院送致）の処分を受ける場合がある。なお，近年少年審判において，家庭裁判所が検察官を関与させる旨の決定をした。

会議室に入るとすでに本田さんと豊田さんはすでに来ていた。五十鈴先生はまだのようだ。

クーラーがガンガンに効いていて寒いくらいだ。壁には真新しいエアコンが取り付けられている。白木の合板のテーブルも新しい。

「お疲れ様。プログラムは順調ですか」本田さんが声をかけてきた。隣で豊田さんが小さく頭を下げる。

「ええ，まぁ」椅子に座りながらあいまいな返事を返す。

椅子に座ると自然と背筋を伸ばす。ふっと息を吐き出す。

「五十鈴先生は所用で来れないそうだ」

本田さんが眼鏡をずりあげながら話す。

「そうですか……」

五十鈴先生にも参加してもらいたかった。学校の様子も聞きたかったし。

「今日集まってもらったのは誠の外出についてです。お母さんから9月は誕生日なので，外出希望が出ています。どうしたらよい

でしょうか」気を取り直して口火を切った。
「どうしたらいいって。児童相談所としてはどうしたいの」本田さんが不機嫌そうに言う。
「プログラムを行うために学園にいるのだから，鈴木さんの方針を尊重しますよ」豊田さんが後を続く。
全て児童相談所任せか……。ある程度予想されたことだが，やはり苛立ちを感じずにはいられなかった。
「児童相談所としては，面会を２回して大きな問題はなかったし，学園での逸脱行為もないので外出を行いたいと思います」
所内で話し合っているのだから自信を持って話そうと思っていたのに語尾が震えて小さく消えた。
「やってきたことの振り返りは終わったの？」本田さんは低い声で静かに聞いてきた。
痛いところを突かれた。本当は振り返りを終えてから地域との交流を始めたかったが，それにはまだまだ時間がかかる。
「いえ，終わっていません」思わずうつむいてしまう。まるで自分が問題を起こしたような気分だ。
「それで大丈夫なの？　外出して」突き放すような口調だ。結局，外出させるなということなのか。
「でも，全てのプログラムを終わっても絶対に再犯はないとは言えないので」
「それはそうだけど……」ため息を一つつくと言葉を続けた。「児童相談所の方針ならいいんじゃないかな」
本田さんは眼鏡を外す。胸ポケットから眼鏡ふきを取り出しレンズを拭き始める。
不快なのが伝わってくる。だんだんと部屋の空気が張りつめてくる。
「豊田さんはどうですか？」沈黙に耐えかね，口を開いた。
「学園の生活は問題ないです。外出してもいいんじゃないですか」どこか投げやりの口調だった。

第3章

「日程が決まったら早めに連絡をください」本田さんは眼鏡をかけながら言った。

「次回の面接までには日程を調整して連絡をします」立ち上がりながら言うと逃げるように部屋を出た。

9月の最終週の平日，誠との面接をしていた。先週，誕生日を迎え14歳になっていた。

誠の場合には問題を起こしたとき，13歳で初犯であり，他の非行歴もないので触法少年と警察が判断し，児童相談所に送致した。児童相談所としては当初，国立児童自立支援施設への措置を検討したが，初犯でほかの問題もないので，県立の児童自立支援施設であるC家庭学園への措置になった。

国立児童自立支援施設に措置するには性問題行動を繰り返しているか，傷害，窃盗などのほかの問題行動がないと難しいのだ。

ワークシートを使って少年非行の流れを説明する。真剣な表情に聞いている。

「これで説明は終わるけど，何か質問はある？」

誠は少し考えてから首を横に振った。

「誠がもし同じような過ちを繰り返したらどうなると思う？」説明したことの復習で質問をした。

「もう14歳になったから，警察から家庭裁判所に行って多分，鑑別所に行くのかな。もしかしたらそのまま少年院に入るかも」

他の入園者からいろいろと聞いているらしく問題を起こしたときの流れはよく理解できている。

「再犯になるから少年院か国立の児童自立支援施設に行く可能性が高いよね」

誠は神妙な面持ちで耳を傾けている。

「少年院と児童自立支援施設の違いはわかる？」

「少年院のほうが厳しくて，家族との面会や外出が難しいとか聞いているけど」

自信なさそうに答える。その声は硬く緊張しているようだ。
「面会や外出の制限は学園より厳しいだろうな。児童自立支援施設は塀や鍵のかかる部屋はないけど，少年院には塀はあるし，部屋には鍵がかけられるんだ」
誠の背筋が伸び，緊張しているのが伝わってくる。
「それに，学園に入園したことは戸籍に記載されないけど，少年院に入ったことは戸籍に残るんだ。退院したときに線が引かれて消されるけど，見ればわかる。だからその後，結婚するときや就職するときなどにハンディになると思う」
「戸籍に残るんだ……」誠は肩を力なく落とし，うなだれた。
きつい話をしていることはわかっている。それでもこのことが再犯の抑止力になればうれしい。
面接終了後，母親にも入ってもらい外出の確認をした。久しぶりに会った母親は誠とは対照的で少しやせてやつれたように見える。それでも初めての外出のためか，頬は緩んでいた。
外出時間は3時から7時までの4時間とし，単独行動はしないこととした。そして外出はプログラムの一環で，余暇活動ではないことを確認し，外出の振り返りシートを渡し送り出した。

10月になり朝晩は涼しくなり秋らしくなってきた。部屋に入ってきた誠は黒の学生服を着ていたためか，凛々しく見える。
誠が席に着くと挨拶そこそこに尋ねた。「外出はどうだった？」
「楽しかったです」
「じゃ，外出のワークを見せてくれるかい」
誠はバックからスカイブルーのファイルを取り出す。

外出プログラムの振り返り
1．どこに出かけて何をしましたか？
お母さんとお兄ちゃんと3人でファミレスに行った。僕の誕生日

を祝ってもらった。

2．小さい女の子に会いましたか？　会ったならいつどこで，ですか？　そして，どのような感じがしましたか？
ファミレスで数人見かけました。「いるな」くらいで特に何も思わなかった。

3．外出して気がついたことはありますか？
家族がいてよかった。

4．外出しての感想は？
とても楽しかった。また外出したいです。今度はゲームセンターに行きたい。

　外出の様子は母親から聞いていた。母親は性問題行動のことはお互いに触れないようにしていたという話以外は誠から報告とほぼ同じだった。
　その後も月1回のペースで外出を行うことになる。

　続けてマスターベーションのワークを行った。

マスターベーションについて
1．マスターベーションをするようになったのはいつからですか？　どうやって覚えましたか？
小学5年の時。クラスの友達に教えてもらった。

2．マスターベーションの週に何回くらいしますか？
毎日1〜2回

3．マスターベーションは主にどこで行いますか？
家では部屋のベッドの中。学園に来てからはトイレ。

> 4．マスターベーションはどんな時に行いますか？
> 家にいたころは暇なとき。学園に来てからは夕食後の自由時間
>
> 5．マスターベーションはどのようなことをイメージして行っていますか？
> 昔は，小さい女の子にイタズラすることややってしまったことを考えて。
> 警察に捕まってからは漫画とかのエロいシーンやアイドルとのセックスを想像してやっている。

　ワークの項目に沿って話し合いを進めていく。
　誠はどこか苦しそうで，話しにくそうに話す。聞く方も椅子の座り心地が悪く落ち着かない。最後の項目になり息を飲む。イタズラしたことを思い出しでマスターベーションをしていたことに怒りを感じながら，感情が表に出ないようにして質問した。
　「なぜ，警察に捕まってからやり方を変えたんだい？」
　「だって,そういうことをしちゃいけないなと思って」誠は下を向いたまま，ぼそぼそと話す。
　「それは誰かに言われたのかい？」
　誠の表情が見たくて覗き込むが前髪が邪魔でどんな顔しているかはわからない。
　「自分で考えて」かすれた声で返事が返ってきた。
　「それはすごいな」思わず言葉が零れ落ちた。自分で気がつけるなんて……。
　「今日はこれで終わるけど,話してみての感想を聞かせてくれるかい？」
　誠は視線を棚に置かれたプラモデルのほうに向けたままぽつりぽつりと話し出した。
　「恥ずかしいというか, 気持ち悪いというか。うまく言えないけど楽しい感じはしないです」
　同じことを感じていた。通常の面接では触れることのほとんど

ないプライベートな内容だ。話していて気持ちのいいものではない。
　「そうだよね。でもその恥ずかしいようなうまく言葉にならない感じって普通の感覚だよ。だから大切してほしいな」
　誠は一重の細い目を広げている。どうこたえていいのか困っているようだ。
　しばらくしてノックをする音がして，ドアがゆっくりと開いた。ドアの前には一馬が立っている。T寮の中学3年生だ。この後,退所後の相談をすることになっている。誠はあわててファイルを片付けると，一馬に深々と頭を下げ，部屋を後にした。

第4章

自分のやったことの振り返り

自分のやったことの振り返り

　自分のやったことの振り返りが性問題行動防止プログラムの中で一番拒否が多く，子どもにも支援者にも心的負担の大きいセッションである。振り返りをする意義は次のとおりである。

1）振り返りをすることで性問題行動のプロセスを明確にできる。そこから再犯防止策を立てることができる。
2）やってきたことを認めることでことの重大さに気づくことができる。
3）一人で抱えてきた不安な気持ちやもやもやしたものを他者（支援者）に話すことで気持ちの整理をすることができる。

　振り返りの質問項目としては次のようなものがある（カーン，2009；ハンセン＆カーン，2009）。

1）性問題行動について最初に考えたのはいつですか？
2）性問題行動を行う前にこのような考えはどれくらいの頻度で持っていましたか？
3）性問題行動をしているときに，被害者はどのようなことを言っていましたか？　表情はどのようでしたか？　身体的にはどのようにしていましたか？（このことは《被害者の気持ちを考える》の中で詳しく取り扱う）

4）空想や計画は性問題行動後でどう変わりましたか？
5）あなたが性問題行動で捕まった時，どんな状況でしたか？捕まった時，あなたはどこで誰といましたか？ 誰が通報したのですか？
6）あなたの性問題行動について知った時，あなたの大切な人たちはどのように反応しましたか？

拒否，否認，反抗がある場合の対応について

個々のケースによって対応方法が異なり，こうすればうまくいくといった有効な方法はない。しかし，対応についての基本的な姿勢としては次のようなことが考えられる（藤岡，2006；カーン，2009参照）。

1) 振り返りをする前に信頼関係(この人なら話して大丈夫。わかってもらえるという関係)を作っていく。時間的に余裕があれば，『自分のことを知ろう』のセッションで，時間をかけてわかりたい，理解したいという姿勢を伝える。
2) 子どもがどのようなことをしていたとしても支援者，家族はこれまでも変わらずサポートし続けることを伝える。
3) 明らかに子どもが自分に都合よく話を作っている場合には事前に確認できている情報（警察からの事情聴取資料等）を伝え，矛盾点について確認をする。

面接の終了時の配慮

振り返りでやったことを想起し，そのことがきっかけになり，問題行動が出たり，生活場面で急に不安になってしまったり，腹痛・頭痛・めまいなどの身体症状で現れることがある。

面接終了時には気持ちの切り替えを行い，日常生活に戻るような配慮が必要である。

自律訓練法など行うことも有効であるが，子どもの場合にはセ

ッションが多く，修得することが難しいこともある。短時間で修得が容易な方法としては目を軽くつぶり，1分間1から5を心の中で言い続けることを行うこともある。他にもたくさんの切り替え方はあるので，リラクゼーションの専門書を参考にしてもらいたい（藤原，2006）。

その他，面接終了時には「面接後は何をするのか？」「今日の夕飯は何か？」など生活に沿った現実的な話をして日常生活への橋渡しをすることが望ましい。

また，振り返りの時期には情緒的に不安的になったり，身体症状（腹痛・頭痛・めまいなど）が出やすいので生活の支援を行うスタッフ（生活支援員等）により注意して様子をみてもらう。変化があったときには連絡をもらうように連携を深めることも大切である。

トイレに行く前に手のひらでぬぐっておいたのに，部屋に戻って来てから10分と経っていないのに，窓ガラスがまたうっすらと曇ってしまった。夕べからの雨がまた降り続いている。冷たい雨だ。朝の出かけで見たテレビの予報では朝の冷え込みはこの秋一番だと伝えていた。

コンコンとドアを叩く音が腹の奥に響く。気のせいだろうがいつもより重い。

「はい，どうぞ」とかける声がかすれる。

しばらくしてゆっくりとドアが開く。その先にはうつむいたままの誠がいる。

「よく来たな。そこに立っていないで中に入れよ」

何もなかったように言うつもりだったが，語尾が震えてしまった。誠は何も言わずにゆっくり歩いてくる。助けを求め，さまよう遭難者が歩いてくるようだ。

10月末の面接が誠の体調不良でキャンセルになった。その数日

第4章 性加害少年への対応と支援——性問題行動防止プログラム

後に学園から電話が入った。本田さんの定期面接の中で誠がプログラムをもうやめたいと言っていると。

いろいろ言いたくないことを聞かれるのが嫌だし，腹痛がひどいからという理由らしい。本田さんには「きちんと2人で話すように」と誠に促したからきちんと本人と話すようにとアドバイスをされた。

プログラムの拒否が出たときの対応について相談すると，本人の気持ちをよく聴くこととプログラムの意義を説明するように，それでも拒否が強いときには外出の制限をすることも一つの方法だと言われた。確かに，外出を制限することはプログラムに参加できないなら当然のことだが，それはどこか違う気もした。

「本田さんが対応していほしい」と言いそうになるのをこらえた。チームで支援しているんだし，ベテランなのだから……。でもここは自分で向き合わないといけない場面なのだと無理やり言い聞かせる。

「プログラムはやっていてどうだ？」
「やりたくない」
その言葉に一瞬，声をなくした。冷たい風が胸の中を通り過ぎたような気がした。
「どうしてやりたくないのか教えてくれるかい」やさしく言ったつもりだが，冷たい響きになった。
「やらないといけないのはわかっているけど，考えるとつらくて腹が痛くなるし，気持ち悪くなって……」
「いつぐらいからそんな感じなんだ」
「10日くらい」
「俺は3週間だ。俺のほうがひどいじゃないか」言葉が勝手に口から出た。その声を聞いて自分で驚いた。
誠もはっとして顔を上げた。「鈴木さんも苦しかったの？」誠が遠慮がちに聞いてくる。

「そうだよ。ずっと苦しかった。言わなかっただけで」
「もうやめたいよ」
　誠はがっくり肩を落とし，テーブルの上に両肘をついて疲れ切ったような顔をおおう。前髪がたれ，その指を隠した。そのまましばらく動かなかった。
「俺もやめたいよ」
　誠の肩がビクッと動く。
「でもやめたら，嫌なことやつらいことがあると逃げてしまう誠のままで変われないんじゃないか。新しい自分になりたかったんじゃないか」つい責めるような口調になってしまった。でもそれは自分に向けた言葉でもある。本田さんに任せて逃げてしまいたいという弱い自分に。
「そうだけど」
「それにこのままにしていたら急にやってしまったことを思い出してつらくなるんじゃないか。1人ではつらいし苦しくて乗り越えられないかもしれないけど，一緒に考えてやっていけば何とかなるんじゃないか」
　雨は相変わらず降り続き，窓ガラスは一面びっしりとはりついて，さっきぬぐった場所がどこだかわからなかった。
「一緒にやるの」
「そうだ。やったことを話すのは再犯防止策を考えるためにだけでなく，正直に全てを話すことで苦しかったりつらかったことを共有することになるんだ。それにつらいときにはつらい，苦しいって言っていいから。つらかったり，苦しかったするのは変わっていくために必要な痛みなんだ」
　しばらくして誠は無言でうなずく。
　はりつめていたものが不意に緩んで，苦笑いが勝手に浮かんだ。
「あと，自分のやったことの振り返りの間は1人で考えることはやめよう。宿題も出さない。だから考えるのは一緒に時だけにしよう」

これまでワークを寮でやってもらい，豊田さんのサポートしてもらっていた。それがチームで見ていくということだろう。しかし，ここは複数の支援者でサポートするより，2人で乗り切ったほうがいい。

「それから面接の後半は誠の好きなことをやって気持ちを切り替えよう。振り返った後に何か楽しめることをやらないか。楽しいことがないと続けるのがきつくなるから」

　誠は背もたれに身を投げ出し，深く息を吐き出した。

「誠は本田さんと面接でプラモデルを作っているんだろ。誠は手先が器用だから何か作るのもいいし，Wii でもやるか。何かやりたいことはないか」

　あわてて言葉をたす。なんだかこびているようで自分が情けなくなる。

「あの……。僕。ここ出てからのことを相談したいです。学園って悪いことをした奴が罰として入れられる所でしょ」

　思わず返答に詰まる。本当は「そんなことない」と言うべきだろう。でも，そういう一面もないとは言えない。

「僕も悪いことをしたから仕方ないけど，ここ出たら普通の生活をしたいから」

　誠が退所を望んでいたのは，先輩との関係や親と離れて生活している事だけではなかった。悪い事をした人と見られることが嫌なんだ。

「それって，進路のこと？」

「そう。鈴木さんは一馬君たちの卒園後の相談に乗っていますよね」

　一馬たちはT寮の中学3年生だ。中学卒業と共に卒園するので単位制高校や全寮制高校の入学に向けて話し合いをしている。

「まぁ，話はしているけど……。五十鈴先生には相談している？」

「何度も相談したけど，『今は余計なことを考えずに学園の生活を頑張れ』って」誠が不満そうに言う。

退所後の生活に不安を感じることは当然のことである。本当は五十鈴先生にやってもらうほうがいいだろう。
「ちゃんと話したのか」
「話したけど，あの人はやる気がないから」誠は口を尖らせた。
　五十鈴先生が誠と個別の時間を取りたがらないのは簡単に想像がついた。
「わかった。一馬たちとやっているような内容でよければやろうか。プログラムの後，30分くらいでいいか」
「はい」誠がほっとしたような笑みを浮かべた。
　窓を少しだけ開けた。肌寒さと湿り気が風になって頬になぜる。雨はたいぶ小降りになっていた。雲の色も明るくなり遠くでは薄陽もさしている。

　その後，11月，12月の計5回の面接を使って振り返りを行った。お互いに苦しくなったりつらくなりながら，最後までやり遂げることができた。

これまでの振り返り

　初めて女の子に興味を持ったのは小学3年の時でクラスが一緒の子で，大人しいけどやさしかった。時々，話ができるのがとてもうれしかった。
　マスターベーションを覚えたのは小学5年の冬ぐらいである。やり方はクラスのエロい友達がいて教えてもらった。ネットのエロサイト（10代後半の女性）を見ながら愛し合う男女が性行為をすることを想像してマスターベーションをしていた。
　小学6年の春くらいから発毛し始めた。夏くらいからエロサイト（女児もの）を見始める。レイプのように力づくでSEXをするようなイメージを持ってマスターベーションをするようになった。
　現実の生活でも小学校3年生くらの細身で小柄な女児に興味を持ち始め，「かわいい」と思い始める。自分でもロリコンだと思っ

ていたが，恥ずかしいとか変とかいう気持ちはなかった。しかし，誰にもそのことは話していないし周りも知らない（今では恥ずかしいと考えているし，同年代の子に興味を持ってちゃんと交際したいと考えている）。

家のパソコンには制限がかかっていなかったので自由に見ることができた。

主に興味の対象は小学校低学年くらいの女児だったが，小学6年の時にクラスメイトの女の子を好きになった。大人しくて目立たないが，やさしくていろいろな話ができて楽しかった。その子とはパソコンやゲームのことなど話があった。その子のことを想像して何度かマスターベーションをしたことがあるが，変な罪悪感が残った。

小学6年の冬にその子との仲をクラスの中心的グループの人たちに冷やかされるようになった。クラスは荒れていて，先生の言うことをきかなくなっていた。3学期のある日の放課後にリーダー的なグループの人たちに好きな女の子と無理やりキスをさせられた。相手の女の子が泣いていたのを覚えている。それ以降，学校に行くのが嫌になり，2月，3月は学校を休みがちになる。その子は中学に入るときに転校してしまい会っていない。

性問題行動を考えるようになったのは小学6年生の2月くらいからでエロサイトを見ていると自分もやりたい気持ちが強くなった。

性問題行動は中学に入るくらいから時々考えるようになった。パソコンの画像を見て実物を見てみたいと思うようになった。

夏休みになると近所の児童公園や児童センターなどにいたずらをできそうな女の子を探しに2～3回行くが，対象になる子が見つからなかったり，いても誰かと一緒にいて声をかけられなかった。

冬休みには児童公園で小学3年生くらいの大人しそうな女の子に声をかけるが，走って逃げられてしまった。あわてて走って家

に帰ったのを覚えている。

　春休みになると対象になる女の子を探して児童館や海浜公園に行くようになった。児童館で小学3年生くらいの女の子に声をかけるが，そのときも手を握ろうとすると手を振り払われて逃げられてしまった。

　小学生の女の子だと逃げられてしまうと思い，小学校に上がる前の女の子に対象を絞った。SEXをしたいという気持ちを抱えながら対象になる女の子を探した。探しているときにも勃起をしていた。夕方になって初めて会った女の子に「やりたい」という衝動が高まってきた。声をかけたのはトレーナーにホットパンツの足のきれいな女の子だった。多分，年中か年長くらいだと思う（声をかければついてくるような印象の女の子）。

　女の子にどのように声をかけたかは覚えていないが，海浜公園のすべり台の前で声をかけた。何と言ったか，どのような表情をしていたかは覚えていない。手を引いて反対側の公衆トイレに女の子を連れて行き，多目的トイレに入る。そして，鍵をかけた。

　「見つかったらまずい」という気持ちはあったが，「やりたい」「ついにつかまえた」という気持ちのほうが強かった。「この子が傷つくな」とか相手を思いやる気持ちはなかった。

　自分からパンツを脱がした。そのとき，どのような言葉を言ったのか覚えていない。女の子の表情は怖がっている感じだった。今，振り返ると怖くて逃げられなかった，動けないようだった。泣いてはいなかったが，おびえた顔をしていた。

　ずっと陰部を見たり触り続けた。抵抗はしなかったし，声を上げなかった。性器を開いたりなめたりした。SEXをしようと思わなかった。やり方もわからないし，見れたし，触れたのでそれで満足をしていた。まるで抵抗もしなかった。

　15分くらいすると近くを話しながら歩いて来る人たちの気配がしてあわててトイレを出て走って家に帰った。女の子はそのまま残してきた。そのとき思っていたのは「みっかったらやばい」。

「ついにやった」という思いはあったが,女の子のことは考えなかった。

　家に帰るとすぐに入り,すぐにそのときのことを思い出してマスターベーションをした。その後,家族と普通に夕食を食べた。食欲もあり特に変わりはなかった。その夜にまたそのときのことを思い出してベッドでマスターベーションをした。10日後,警察に呼ばれるまで普通に生活ができていた。その間,毎日思い出してマスターベーションをした。特に捕まるということは考えていなかった。

　10日後の夕方に家に警察官が3名きた。母親が泣きながら「話があるって」と部屋にきた。そのとき,「ばれたか」と思った。母親から「何かしたの？」と聞かれたがしらをきった。

　玄関で警察官に「その日,何をしていたのか？」と聞かれたが「何もしていない」と言い張った。

　その後,警察署に連れて行かれた。いろいろ聞かれたが,知らないと言い張ったが,「このままじゃ,家に帰れないよ」といわれ観念して,今回のことを話した。今まで女の子を捜して歩き回ったことや2度,女の子に声をかけて逃げられたことはばれていないので言わなかった。

　夜遅く,家に帰してもらった。母親がカレーライスを用意してくれたが,泣けてしまって食べられなかった。これからどうなるのかという不安が強くなってきた。やったことへの後悔と母親に悪いという気持ちになった。

　母親からいろいろと聞かれたが,何も答えなかった。何を話せばいいのかわからなかった。泣き続けていて母親がそばについて背中をさすってくれていたのを覚えている。その後も布団のなかで泣き続けた。

　翌日,母親と警察に一緒に行く。警察の駐車場で「何をしてもうちの息子だからね。どんなことがあってもお母さんは味方だから大丈夫」と母親が泣きながら言ってくれた。それがとてもうれ

しかった。
　警察の取調べは夕方に終った。警察では同じことを何度も確認され，何回もサインをさせられた。その後，一時保護所に連れて行かれた。
　一時保護所に行くことは「家にいづらいから他の場所に行きたい」という気持ちと「もう家に帰れないかもしれない」という気持ちの２つがあった。
　一時保護所の生活は楽しかった。馬鹿にする人もいなかったし，いじめもなく，よかった。年上の入所者が地元でいじめられた話などを聞かせてくれた。
　それでも，毎日，母親のことを思い出して寂しくなった。寝られないことも何度もあった。やってしまったことはなるべく思い出さないようにしていたが，あの日のことを思い出して何度もマスターベーションをしていた。
　保護所で海などに散歩に行くときには保護所の居残りで寂しかった。自分だけが外出できないのが悔しかった。
　保護所に松田っておばさんが来てイタズラをしたことを聞かれた。あまり話したくなかったし，思い出したくもなかったけど，警察に話したことと同じことを話した。面接の終わりに学園に行くことを伝えられる。パンフレットを見せられ，日課など簡単な説明を聞いたが，もう家に帰れないのだと思うと頭が真っ白になっていた。

第5章

問題行動のパターンの理解と再犯防止策を考える

性問題行動のパターン

　性問題行動は突発的な性衝動が抑えられなくて，問題行動に出ることや，偶発的な事象が重なる（好きな子とたまたま2人きりでいて魔がさして）ようなことはほんとない。誠の物語のようにいろいろなプロセスを経て性問題行動を起こす。そして性問題行動までのプロセスはある程度パターン化されていることが多い。

　それはアルコール依存症の再飲酒のパターンに似ている。

　中村さん（30歳）は会社員である。アルコール依存症と診断されて2年である。この1年は趣味のサーフィンをしに週末には海に行っていた。断酒会にも参加していた（**健康な状態**）。禁酒は継続していた。しかし，この数カ月，営業成績が芳しくなく，課長に怒られることが多くなっていた。気持ちに余裕がなく，妻と些細なことで口論になることが増えてきた。「自分のことは誰もわかってくれない。仕事にも行きたくないし，家にも帰りたくない」と考えるようになった（**危険な気持ち**）。

　決算期が近づき，休日出勤や残業も増え，断酒会を休みがちになる（**危険な前兆**）。

　仕事の帰りに先輩に居酒屋（**危険な場所**）に行こうと誘われる。いつもなら断っていたが，ウーロン茶だけを飲めばいいと考え（**危険な考え**），居酒屋に行く。

　最初の2杯はウーロン茶を頼んでいたが，1杯だけなら大丈夫だろう（**危険な考え**）と生ビールを注文する。その後の記憶は残っていない（**再飲酒**）。

健康な状態：サーフィンを楽しみ，断酒会に参加している状態。
危険な気持ち：自分のことは誰もわかってくれない。仕事にも行きたくないし，家にも帰りたくないという気持ち。
危険な前兆：断酒会を休むようになる。
危険な場所：居酒屋。
危険な考え：ウーロン茶だけを飲めばいいと。1杯だけなら大丈夫だろう。

このように行動化するまでには危険な気持ち，危険な前兆，危険な場所，危険な考えというパターンがある。これは，アルコール依存でも性問題行動でも同じである。これらのパターンを知り，気がつくことができれば再犯防止は可能である。

健康な状態

大きなストレスや不安を感じないで生活ができている状態である。通常は意識なく生活していることが多いが，危険な状態に入ったことを気づくためにはこの健康な状態を知っておくことが大切である。

健康な状態の目安として「クウネルアソブダス」がある。

クウ：食欲はあるか？　過食はしていないか？
ネル：ちゃんと寝れているか？　夜中に起きたり，寝ているけど，寝た気がしないとかはないか？
アソブ：好きなことを楽しめているか？　やるのが億劫になっていないか？
ダス：便秘や下痢が続いていないか？　もしくは便秘・下痢を繰り返していないか？

精神的な不安定がこれらの症状で出やすいので目安にするとよい。

危険な気持ち

危険な気持ちには次のようなことが考えられる。これらに気がつき，ストレスになっている問題を解決する，ストレス解消をするなどして健康な状態に戻すことが大切である。

問題を解決できないことやストレスを上手に解決できないこともあるだろう。その場合には自分が危険な気持ちを抱えていることを意識していることが大切である。

危険な気持ちの例としては次のようなことがある。

- 先生に怒られて，悲しくなった。
- テストの成績が思うように上がらなくてイライラした。
- クラスメイトに馬鹿にされて悔しかった。
- 友人と喧嘩して，さみしくなった。
- 親に怒られて，自分なんていなくていいと思った。

危険な前兆

危険な感情がたまってくると，だんだんと前兆行動が現れてくる。この状態になると家族など身近な人たちも気がつくことが多い。身近な人たちが前兆行動を意識していることも大切なことである。

一般に危険な兆候の主なものとしては次のようなものがある。

- エロサイトや成人雑誌（幼児もの）をみるようになる。
- 用もないのに，公園や児童館をうろつくようになる。
- 学校を休んだり遅刻，早退することが増える。
- 言動が攻撃的になる。
- イライラをマスターベーションで解消するようになる。
- 暴力的な SEX をイメージしてマスターベーションをするようになる。

- マスターベーションの回数が増える。
- 子どもを物色し始める。

危険な考え方

行動化を正当化，否認するような考え方をするようになる。危険な考え方として次のようなことがある。

- エロサイトを見るくらいなら誰にも迷惑をかけないからいいだろう。
- 1回くらいならいいだろう。
- 上手にやればばれないだろう。

危険な場所

行動化を誘発するような場所には，普段から近づかないようにする。もし，行かなければならない時には，一人ではなく誰か信頼できる大人と一緒に行くように心がける。

また，無意識のうちに危険な場所に近づくことが増えている時には注意が必要である。この部分についても身近な人たちが意識していることが大切である。

ハンセンとカーン（2009）は危険な場所として次をあげる。

- 小学校の通学路
- 幼稚園
- 児童館
- デパートのプレイランド
- 児童公園

危険な気持ち，危険な前兆，危険な場所，危険な考えに気がついたら，できるだけ早く健康な状態に戻す必要がある。

その方法としては，まずは信じられる大人に相談することであ

る。相談しても答えが出ないことや解決できないこともあるだろう。でも、自分の気持ちを言葉にして聴いてもらうことで楽になれることが多い。

プログラム中で信頼できる人に話をする練習をしておくことが大切である。

気持ちを聞いてもらう以外にも他の方法も見つけておく。いつでも話を聴いてもらえるとは限らないし、それだけでは健康な状態に戻らない場合もあるからである。これには、自分を知ろうのワークの質問を参考にするとよい。たとえば、「あなたは何をしていると楽しいですか？」「あなたがほっとできるのはどのようなときですか？」「あなたがリラックスできる場所はどこですか？」

これは見方を変えるならば、イライラした気持ち、寂しさ、怒りなどマイナスの感情を性問題行動で解消してきた代替方法を見つけることである。簡単に見つからない場合も多いが、いろいろなことを試して自分のあった方法を見つけることが必要である。

アルコール依存症の人が強い意志で断酒を続けていても適切な対処法を見つけていないと、いつの間にかギャンブル依存や薬物依存など依存対象が変わるだけになってしまうことがある。それと同じように性問題行動がアルコール、薬物、窃盗、暴力行為などの問題行動に移り変わっていくこともあるので注意が必要である。

健康な状態にもどる方法（ストレス解消法）の見つける場合には注意点としては次のようなことがある。

1）1つだけでなくいくつかの方法を見つけておく（できれば3～4つ）。
2）手軽にできて、経済的な負担が少ないものがよい。
　例えば、好きな音楽を聴きながら自転車に乗る、読書、プールで泳ぐなど。旅行に行く、ダイビング、釣りなどは危険な

状態であることに気がついても、すぐにできないし、やりたくても経済的に負担が大きくいつでもできると限らない。
3）ゲーム，ネットは気持ちの切り替えには有効だが，依存性が高いので時間制限を設ける。

健康な状態，危険な気持ち，危険な前兆，危険な場所，危険な考えがわかり，健康な状態に戻る方法を見つけたら，性問題行動のサイクルを図式化する。

図式化しておくと今の自分がどこにいるのか気がつきやすくなり，軌道修正がしやすくなる。

また，サイクル表を支援者，家族などと共有することで，本人が気がつけない場合でも周りの人が気がつき，再犯防止につながりやすくなる（ハンセン＆カーン，2009参照）。

ほめるワークについて

性問題行動を起こす人の多くは自己評価が低い。「自分はだめな人間だ」「自分なんていてもしょうがない」「価値のない奴なんだ」と思っている。できないことや自分のだめなことばかりを気にしている。

そのため，就寝前に1日を振り返って，些細なことでいいので自分ががんばったことやできたことなどを自分自身でほめる。そうすることで，自分が今できることや自分の良い所を気づき，自己評価の向上を促すことができる。

やってしまったことを正当化しようとしたり，弁解を繰り返している場合には自己弁護を助長させる場合があるので，慎重に検討してから行うことが必要である（春日・埜崎，2013）。

ここまでの流れをケースの続きで見てみよう。

今年最後の面接になった。10分遅れで誠が面接室に入ってきた。
「遅くなってすいません。作業がなかなか終わらなくて」
　誠は頭を下げると首に巻いたタオルを外す。吐く息がかすかに白い。また，一回り体が大きくなったように見える。あごには薄いがひげがはえている。以前より大人っぽく見える。
　やったことの振り返りを終えたことの自信からだろうか。
「作業って何やっているんだい」
「しいたけの原木を寮の裏に降ろしていました」誠は白い歯を見せて話す。
「なんだか楽しそうだな」
「最近，作業場で飼っている牛や鶏の世話とか，農作業が好きになって，時間にある時には手伝いに行くようにしていて」
　そのことは豊田さんからも報告を受けていた。秋の収穫祭以降，自分から作業場を手伝うようになったと。以前は時間があれば部屋で絵を書いたりゲームばかりしていたのに……。
「そうか。それでワークはやってきたか」
　誠はファイルからワークシートを取り出しテーブルに置いた。

誠にとって危険な場所はどこですか？
・海浜公園，児童公園
・児童センター
・小学校の通学路
・幼稚園
・夜，暗いところ

誠にとって危険な気持ちとはどのような気持ちですか？
・年下の子が気になりだす。
・年下の女の子と無理やりSEXすることを考えるようになる。
・学校に行くのが面倒になる。

問題行動のパターンの理解と再犯防止策を考える

第5章

> 誠にとって危険な前兆はなんですか？
> ・幼児もののエロサイトを見るようになる。
> ・幼児もののエロサイトを見てオナニーをする。
> ・年下の女の子と無理やりSEXすることを考えてオナニーをする。
> ・公園や児童センターに一人で行くようになる。
> ・夜，一人で出かけるになる。
>
> 誠にとって危険な考え方はなんですか？
> ・1回ぐらいなら大丈夫だろう。
> ・他の人もきっとやっているに違いない。
> ・エロサイトを見るくらいなら平気だろう。

宿題に一通り見ると誠の顔を見る。
「しっかりできているけど，豊田さんに随分相談したのかい？」
『問題行動のパターンの理解と再犯防止策を考える』に入り，寮でのワークを再開した。
「自分一人でやりました」
「一人でやったのか。苦しくなかったか」
「つらかったけど，頑張らないと変われないから」
輪郭のはっきりした声が返ってきた。
やはり誠は成長している。若い子の成長は目覚ましいものがあり，いつでも驚かされる。ワークがしっかりやれているので，面接はスムーズに進んだ。
「ほめるワークのほうはつけてみた？」
「つけてみたけど自分のいいところって中々見つからないですね」
照れ笑いを浮かべながら紙をテーブルの上に置く。

> 月曜日：夕食の配膳を自ら手伝うことができた。
> 火曜日：高等部の手伝いに行き，鶏小屋の清掃をまじめにやるこ

> とができた。
>   水曜日：朝のマラソンで1位になった。
>   木曜日：亮太の宿題をみてやることができた。
>   金曜日：特になし。
>   土曜日：高等部の手伝いに行き，農道作りを頑張った。
>   日曜日：苦手な数学を自分から2時間勉強をした。
>
>   一週間を振り返って
>   最初は慣れなくて恥ずかしかった。でも意外と頑張っていることがあることがわかった。

「じゃ，これでプログラムのほうは終わりにするけど何か聞いておきたいこととか，言っておきたことはないか」
「大丈夫です」
 そう言うと誠は静かに目を閉じる。それにつられるように瞼を閉じ，1，2，3，4，5を繰り返し心の中で言い続ける。
「よし終わり」
 声をかけ大きく深呼吸を3回する。
 この気持ちの切り替え法に随分なれてきた。
「じゃトイレに行ってきたら，今後のことを続きをやるぞ」
 今日は個室は必要ない。最近，面接で腹が痛くなることはない。成長しているのは誠だけではないのかもしれない。笑みがこぼれそうになるのをかみ殺す。
「はい」声変りした低い声が狭い部屋に響く。

「あけましておめでとう」
 自分であいさつしながら今更な気がした。仕事始めからすでに4日が経ち，正月気分は抜けている。
「あけましておめでとうございます。今年もよろしくお願いします」
 誠は深々と頭を下げると椅子を座った。今日も作業着を着てい

た。長かった髪の毛は短く刈りあがっている。

「髪の毛を切ったんだな」

「ええ，作業するのに邪魔だから」

誠は短くなった髪の毛をかく。

「作業していたのか」

「ええ，牛舎の掃除をしてから来ました。臭いですか」

作業着の袖の臭いをかぎながら恥ずかしそうに言った。

「臭くないけど，それって高等部の仕事だろ」

高等部とは中学卒業後，進路が決まっていない子どもと学園から定時制高校に通学している子どもが所属している。

誠は家に戻るかは未定だが，全日制の高校進学希望だ。だから高等部に残ることはない。

「ええ，でも動物の世話が好きになってしまったので，手伝わせてもらっています。正月はみんな帰宅していて大変でしたよ」

白い歯を見せて笑う。

これまで3回の外出を終え，前回から1日の外出になっている。プログラムも順調に進んできたので，年末年始は外泊を進めたが，母子ともに外出希望しかでなかった。

自らやってきた宿題をテーブルに置く。

「宿題は難しくて結構悩みました」

今回のワークは健康な状態，危険な気持ち，危険な前兆，危険な場所，危険な考え，と振り返りを参考にして性問題行動のプロセス表を作ることだ。

誠の言葉とは裏腹にテーブルに置かれた宿題はところどこと空白があるが，最後まで書かれていた。1つ1つの項目を確認し，最終的に完成した。

「最近，困ったことやつらいことがあったら誰かに話したり，相談はできているかい」

「寮の生活や学園でのことは豊田さんに話してるし，これからのことなどはここで相談できています」

第5章

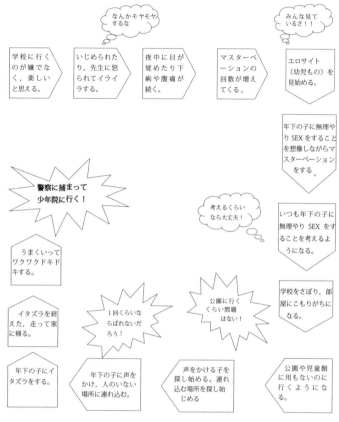

図　誠の性問題行動プロセス

「話すると少しは楽になるか」

誠ははっきりと首を縦に振る。

「お母さんは？」

以前は何か困るとすべて母親に話してきたと言っていたが……。

「今は月1回しか会えないし，相談するという感じじゃないかな」

誠はしばらく考えてゆっくりと答えた。

問題行動のパターンの理解と再犯防止策を考える

第5章

「イライラしたり不安になった時に一番にやることとは誰かに話をすることだから覚えておいて」
「はい」
「あとは自分なりのストレス解消法をいくつか見つけておくことだけど，何かあるかい」
　自分を知ろうのセッションでは『ゲームやイラストを描くこと』と言っていたが……。
　できればゲームやインターネット以外のものを見つけたい。どうしてものめりこみやすい。もしゲームなどを方法に選ぶなら時間制限を設ける必要があるだろう。
「最近，農作業や動物の世話が好きで，畑の草取りしてたりすると時間が経つのを忘れてしまうかな」
　作業着の袖をまくりながら話す。
　確かにこれからの生活の話し合いでも農業や畜産に関わる仕事をしたいと話していた。
「それは卒園後もできそうか」
「はい。家の近くに家庭菜園のやれる畑があるらしいから借りてもらうのと，できれば犬を飼いたいな。難しいかな」誠の顔がかすかに曇る。
「そうか。ちゃんと考えているな。プロセス表の後半になればなるほど健康の状態に戻すのが大変になるから，早めに気がついて，対応することが大切だからな」
「はい」
「これで今日のプログラムは終わりにするけどどうだった？」
「やっぱりきついですね」
　誠の声がかすれ疲れているのがわかる。
「よく頑張ったな」
　誠の柔らかい髪の毛をなぜた。

　大雪の４日後の面接。学園に来るまでの凍結した道路で何度か

転びそうになった。学園のグランドはまだ真っ白でいくつかの雪だるまが作ってあった。

誠は長袖のティーシャツに長靴を履き部屋に入ってきた。濡れた軍手を外しながらゆっくりと席に着く。

「雪かきしていたのか？」

「ええ，鶏小屋に続く道が雪で入れないので雪をどかしていました」

「大変そうだな」

ティーシャツの脇の下には汗がにじんでいた。

「いや，高等部の先輩はまだ作業しているし。初めてやったけど意外と楽しいですよ」

誠はタオルで額の汗を拭きながら言った。

「じゃ，やってきたワークを見せてくる」

卒園した後，心配なことや不安なことはありますか？
・ちゃんと学校に通えるか心配です。
・同じ過ちを起こすのではないかと不安になる。（ないと思うけど）
・友達ができるか。
・エロサイトを見る前にブレーキをかけることができるか。

今後，同じような過ちを起こさないために自分でできることはなんですか？
・夜，外をウロウロしない。
・エロサイトを見ない
・困った時にはすぐに相談をする。
・通学路には近づかない。
・年下の女の子と一緒にいない。

退園後，生活がだらけることが予想されます。それを防止するためにできることはありますか？　具体的に書いてください。
・学校で楽しいことを見つける。
・休まず学校に通う。

・早寝早起きをする。(10時就寝・6時起床，学園と同じ生活)
・パソコン，ゲーム時間。(最大1.5時間)

　この通りに退園後実行するのは難しいだろうが，よく考えてきている。
　「学校については誠の良さを引き出せる学校を一緒に考えているから，いい学校が見つかるといいな」
　「学校は私立ではなく，やっぱり県立にしたいです」
　誠は硬い声で言う。
　「外出でお母さんと話したのか？」
　「ええ，これ以上，負担かけられないから」
　誠は眉間にしわをよせ，つらそうに話す。詳しいことを聞きたいがまずはプログラムを終わらせたほうがいいだろう。
　「わかった。それは後半のワークで話をしようか」
　「はい」
　「よくできているよ。再犯防止に関しては一人で頑張るんじゃなくて家族の協力も必要になってくるから。このワークをもとに改めて話し合いをしよう」
　「お母さんですか」一瞬，嫌そうな顔をした。
　「ああ，誠が気がつけない兆候を家族に気がつく場合もあるだろうし，危険な場所をうろついたら家族に注意してもらったりすればより再犯防止ができるだろ。ゲームだって自分で時間を守れるか？」たたみかけるように言ってしまった。
　「わかりました」
　「それからこれで再犯防止のプログラムは終わりになる。あと学園で行うプログラムは『被害者とその家族の立場に立って考える』と『自分の家族の立場に立って考える』の2つだ。ここまでで6割から7割が終わったことになる。今後は退園の時期と退園後の生活について具体的に考えていかないとな」
　「そうですね」

気のない返事だ。あれほど退園を持ち望んでいたのに……。
「退園したかったんじゃないのか」
「それは帰りたい気持ちはあるけど，学園の生活に慣れてきて楽しくなってきたし，それに……」
誠は途中で口ごもる。
「それにどうした？」
「このまま退園してまた同じことしてしまったらどうしようと思って」
うつむきがちにつぶやいた。
「俺も自信はないよ。プログラムをやったからって絶対ってことはないと思う」
誠は少し驚いたかのように見つめ返してくる。
「厳しいことを言うようだけど，一生，意識しながら生活していくことだろ。それくらい重いことなんだと思うぞ」
「そうですね」
重い鉛を飲み込んだような表情になる。だんだんと自分のやったことの重大さに気がついてきているのだろう。
「でも安心したぞ。『プログラムをやったからもう大丈夫です』って自信ありありで言われる方がずっと心配だからさ」
「そうですか」誠は照れくさそうに頭をかいた。
「他に聞いておきたいこととか言っておきたいことはあるか？」
「大丈夫です」
「よし終わりにしよう」
誠は背筋を伸ばして目を閉じ，心の中で1から5を繰り返し始めた。

第6章

家族支援プログラムについて

家族支援の基本的なポイント

家族支援の基本的なポイントは次のようなことである。

1) 性問題行動があったが,これからも大切な子どもとして変わらず愛し続けること。そしてそのことを子どもに伝えていく(カーン,2009)。
2) 家族は,性問題行動防止するため,もっとも身近で主となるサポーターである。危険な気持ち,危険な前兆,危険な場所,危険な考えに気をつけて,兆候を見つけたら子どもにそのことを伝え,修正をする。
3) 親が一人で抱え込まないように相談できる支援者を見つけ,困った時には相談する(カーン,2009)。
4) 子どもにとって大人のロールモデルになれるような言動を心がける。

具体的に親支援で行うワークとしては次のようなことである。

《子どもに関するワーク》
・あなたにとって子どものいいところはどこですか?
・あなたにとって子どもの嫌なところはどこですか?
・あなたにとって子どもとどのような関係になっていければよいと思いますか?

《保護者に関するワーク》
- あなたは何をしていると楽しいですか？
- あなたがリラックスできる場所はどこですか？
- あなたが不安な時やつらい時に相談する人はいますか？
- あなたは今後，どのようになりたいですか？

《これからの生活に関するワーク》
- 子どもと生活していくうえで心配なことや不安なことはありますか？
- 今後，性問題行動防止にためにできることはありますか？
- 今後，どのようにすれば性問題行動の兆候を気がつくことができると思いますか？

《被害者とその家族に関するワーク》
- 被害者のことを考えることはありますか？ あるとしたらいつ，どのようなことを考えますか？
- 被害者の家族のことを考えることはありますか？ あるとしたら，いつ，どのようなことを考えますか
- 被害者は今どのようなことを考えて，どのような生活をしていると思いますか？
- 被害者の家族は今どのようなことを考えて，どのような生活をしていると思いますか？

　これからの生活に関するワークと被害者とその家族に関するワークについては親子それぞれに考えてもらった後，親子で話し合いの場を持つようにする。

　ここまでの流れを誠の母親との面接の流れで見てみよう。

家族支援プログラムについて

第6章

　母親との面接は10月の外出後，月1～2回のペースで南部児童相談所で行った。最初のうちは，「なぜ誠がこんなことをしてしまったのか？」「何かの間違いじゃないのか？」「どうして一緒に暮らせないのか？」「いつになったら家に帰ってくるのか？」「女手一人で育てからこんな風になってしまった」と泣いて感情的になっていた。

　しかし，面接を重ねるごとに，冷静さを取り戻してきた。そして，これまで生活について自ら語り始めた。

　母親は短大を卒業するとすぐに結婚して3人の子どもに恵まれた。末っ子の誠が4歳の時に夫が交通事故で他界している。その後，母親が独りで3人の子どもを育ててきた。生命保険に加入していたことと，加害者から慰謝料で経済的に困ることはなかったので，働きに出たことはなかった。

　夫が亡くなったことで気分の落ち込みや寝れないことが多くなり，精神科クリニックに通院を始める。不安障害と診断されている。今でも月1回は通院を続けている。

　夫がいないことで子どもたちにさみしい思いをさせたくない一心で頑張ってきたつもりだった。しかし，長女は母親に干渉されるのを嫌がり，高校卒業と同時に一人暮らしを始め，その後，家にはほとんど帰ってきていない。今回のことを伝えたところ，「お母さんが，過保護だから誠は歪んでしまったんだ」と言われて落ち込んでしまったとのことである。

　誠の事件後，被害者との示談が成立し，住んでいた家を売り，慰謝料を払い，海辺の町を離れ，引っ越した。被害者の家族との話し合いで住んでいた町には出入り禁止になった。

　その頃から気分のムラが大きくなり，精神科に併設されたカウンセリングセンターで月1回のカウンセリングを受けている。

第6章

「どうぞお入りください」
面接室のドアを開ける。
「失礼します。寒いですね」
母親はウールのマフラーを外しながら頭を下げ、いつもの席に静かに腰かける。
「師走の忙しい中、すいませんね」
軽い口調で言ってから、こちらも席につく。4回目の面接ともなるとお互いに慣れてくる。
母親は早速、ワークをテーブルに広げる。今回からワークを始めるのだ。

《子どもに関するワーク》
・あなたにとって子どものいいところはどこですか？
他人にやさしく、傷つけるようなことはしないです。
怒ったり、感情的になることはないです。

・あなたにとって子どもの嫌なところはどこですか？
なんでもすぐにあきらめてしまうところがあります。
嫌なことを嫌と言えず我慢してしまうところがあります。

・あなたにとって子どもとどのような関係になっていければよいと思いますか？
子どもたちとは仲良く楽しくなんでも話せる関係だと思っていましたが、実は大切なことは何も話せていないことに気がつきました。
これからどのようにして大切なことを話していけばいいのかわかりません。

子どもに関するワークの最初の2つの項目は誠の評価とほとんど同じだった。
3つ目の大切なことを話せないと感じていることも同じだ。
「大切なことを話せるようになるために外出の時にテーマを決めるので誠と話し合ってきてもらってもいいですか？ それを誠

とお母さんから報告してもらうようにしたいのですが……。いいでしょうか?」

「どのようなことを話し合えばいいのでしょうか」心配そうに見つめ返してくる。

「最初は,進路についてどのように考えているかお互いの気持ちを確認してきてください。進路についてはプログラムの中でも話し合っているので話しやすいテーマだと思います。毎回テーマを決めて話しあってもらうようにして練習していきましょう。お母さんも誠もお互いにとても大切に思っているので大丈夫ですよ」

不安にさせないようにできるだけ明るく言った。

「わかりました」

「結論は出さなくていいです。まだ中学2年生だし,最初なのでお互いの意見を聞くことまでにしましょう」

「本当に誠とうまくやっていけるのでしょうか」不安そうな声でたずねてきた。テーブルの上でハンカチが握られた手は震えている。

「誠にはお母さんが愛していることが伝わっています。だから誠も頑張れているんですよ」

「そんな……自分の子どもだから……」語尾が震えている。

「もし,今回のことでお母さんに嫌われたり,見放されたらきっとここまで頑張れなかったでしょう」

「ありがとうございます。本当に大丈夫でしょうか」

「大丈夫です。この調子でやっていきましょう」はっきりした口調で言った。

「それから次回までに冬休みの外泊・外出訓練について考えてきてください。1日の外出まで実施しているから外泊でもいいと思います」

「考えてみます」母親はうつむいたままつぶやいた。

面接室の窓の外からはクリスマスソングが聞こえてくる。面接

室の角にも子どもたちが作ったクリスマスツリーが飾られている。クリスマスまで1週間前になり，完全にクリスマスモードだ。

「今回のワークはどうでしたか」

「難しくて結構，悩みました」

母親は答えながらテーブルにワークシートを置いた。

丁寧に書かれたワークシートをゆっくりと読んでいく。母親は心配そうに様子を窺っている。

「よく考えています」シートから視線を上げて言った。母親の顔に安堵が広がる。よく考えているので，面接は円滑に進んでいった。

《保護者に関するワーク》

・あなたは何をしていると楽しいですか？

　誠が学園に行くまで長女が言っていたように子どものことが全てで自分の時間を作ろうとしていなかったです。最近，家で羊毛キルトを始めました。本当に自分の趣味になるかはわからないが，しばらくは続けてみようと思います。

・あなたがリラックスできる場所はどこですか？

　子どもたちといる家が本当にリラックスできる場所であり時間でした。これからは子どもたち以外に自分の居場所をみつけていかないといけないと思っています。

　今は月1回のカウンセリングの時間かもしれません。

・あなたが不安な時やつらいときに相談する人はいますか？

　陽子さん（病院のカウンセラー），三菱先生（主治医）。

　誠が学園に行ってどうしていいのかわからなくなった時，陽子さんがずっと話を聴いてくれました。

・あなたは今後，どのようになりたいですか？

　何があっても誠の母親であることは変わらないし，子どもたちを愛する気持ちは変わらないと思います。

　子どもたちの大人のモデルになれるようになりたいと思っていま

> すが，どうすればよいのかまだわかりません。

「良い人に出会いましたね」
「陽子さんのことですか」
「はい，誠はもちろんだけどお母さんにも相談できる人がこれから先，必要です。だから相談できる人がいることはとてもいいです」
「陽子さんはまだ30歳過ぎくらいで若いのですが，とてもしっかりしているんです。実は今回のワークは難しくて手伝ってもらったんです」母親はばつ悪そうに肩をすくめた。
「構いませんよ。そのほうが理解が深まるかもしれないですしね」
　母親に了解を取り，三菱医師と陽子さんとは，連絡を取り合っている。ワークについては一人で考えてくるのが難しいようであれば手伝ってほしいと陽子さんには事前に頼んでいた。
「今後，お母さんがどうなりたいかはすぐに決められることではないので，時間をかけて考えていきましょう」
「わかりました」かすかにだが頬をゆるめたのがわかる。
　背もたれに身を預け，ふっと息を吐き出し，話を続けた。
「冬休みのことは考えましたか？」
　母親の顔が一瞬強張る。
「今回は外出で年末1回，年始1回の2回でいいですか」
「構いませんが，誠にまだ話していないのですか？」
「市内に引越しをしたことは伝えてありますが……。部屋も狭いけど用意はしていますが」
　慰謝料を払うために家を売り，アパートに移ったことは言えていないということか。誠は賢い子だからうすうすは気がついているだろう。
「もう少ししたら退所についても話し合っていかないといけないので，その辺のことも伝えていかないといけませんね」

第6章

　母親は静かにうなずく。

　窓の外には白いものがちらつき始めた。この冬，初めての雪だ。
　母親は雪で濡れたショルダーバックからピンクのファイルを取り出す。
「誠にはアパートに引っ越ししたことを年初めの外出の時に話しました。引っ越した理由についても」落ち着いた口調で話す。
「誠は何か言っていましたか」
「『ごめんなさい』と言って深々と頭を下げたまま泣き出してしまいました。私も一緒に泣いてしましました。ダメな母親です」
　母親は目尻をハンカチでおさえる。
「よく話せましたね。誠にはそれでもお母さんが変わらないでいてくれることに感謝しているのでしょね」
「そうでしょうか？」
「先週，今年最初の面接をしてきたけど随分としっかりしてきました。お母さんとの話のことはしていなかったけど，そのことも関係していると思いますよ」
　外の雪は強くなってきた。あまりゆっくりしていると交通機関に遅れが出そうだな。
「そろそろワークを見せてもらえますか」
　母親は気を取り直してファイルを広げた。

《これからの生活に関するワーク》
・子どもと生活していくうえで心配なことや不安なことはありますか？
　離れて暮らしている時間が長いので以前のように暮らせるかどうか心配です。
　新しい学校に慣れて通えるのか心配です。
　大切なことをきちんと話し合っていけるのか心配です。

・今後，性問題行動防止のためにできることはありますか？

> 外出させる時には場所と帰りの時間を確認するようにします。
> ゲームやパソコンをする時間を決めます。
> 起床時間,就寝時間を決めて規則正しい生活させます。
> これらのことを紙に書いて部屋に貼ります。
>
> ・今後,どのようにすれば性問題行動の兆候を気がつくことができると思いますか?
> 普段から小さい変化を気にしてみるようにして,何か気になることがあれば早めに声をかけます。

 やはり具体性に欠けるな。誠の危険な気持ち,危険な前兆,危険な場所,危険な考えを知らないのだから仕方がない。
「誠とも退園後の再犯防止策について話し合っています。退院前に誠を交えて今回のワークと次回のワークについては話し合いをしますので,そこで改めて考えてみましょう」
「はい,よろしくお願いします」
 彼女は,ファイルをそっと閉じながら言った。

 今回の面接では最初から母親は泣き通しだった。
 事前に陽子さんから連絡をもらっていて,このワークを中止することも考えていた。
 このワークが行うことで母親の病状が悪化させることは避けたかった。しかし,陽子さんはこのことを避けていてはいつまでも母親は回復しないだろうとのことだった。そして,「何かあればフォローをするので」と後押しをしてくれた。
 テーブルに置かれたファイルを見ることなく母親は語り続けた。今までため込んできた感情を一気に吐き出すように……。

> 《被害者とその家族に関するワーク》
> ・被害者のことは考えることはありますか? あるとしたら,いつ,どのようなことを考えますか?

> 考えなかった日はありません。元気でやっているかな？ ちゃんと外に出れているかなと考えています。
> ちゃんと慰謝料を払って，引っ越しもしたし，示談が成立したけど，それだけ済まされることではないと思っています。しかし，これ以上何をすればいいのかわかりません。元気で生活していることを毎日祈っています。
>
> ・被害者の家族のことは考えることはありますか？ あるとしたら，いつ，どのようなことを考えますか？
>
> どちらかというと同じ親なので，家族の立場のほうをよく考えてしまいます。本当に誠は人間として最低のことをしたんだと思っています。それでも私の息子なんだと思うとどうしたらいいのかわからなくなります。
>
> ・被害者は今どのようなことを考えて，どのような生活をしていると思いますか？
> ・被害者の家族は今どのようなことを考えて，どのような生活をしていると思いますか？
>
> 1日も早くあの日のことを忘れて幸せに生活してほしいです。
> 私も交通事故で夫を亡くしています。その加害者のことは示談が済んだ後も，ずっと憎んでいます。だから家族の人も今も憎んでいるんだと思います。当然の報いだと思っています。

「先生。私は被害者の方々に何ができるのですか？ 一切の連絡を禁じられています。どうすることもできません。本当にごめんなさい」

悲痛な叫びが部屋に響く。

「家を売り，慰謝料を払い，引っ越しをして十分，償いをしてきたじゃないですか」

母親は強く首を振る。とても納得がいかないのだろう。

「それにもうそっとしておいてほしいと思っているかもしれませんね」

母親の細い肩がビクッと跳ね上がる。

「もう何もできることがないということですか」ヒステリックな声で叫ぶ。自分の声にハッとしたのかうつむいて動かなくなった。

これまで性被害者やその家族たちと多く出会ってきた。その苦しみは言葉には表せるようなものではない。だからこそ安易なことは言えない。みんな，加害者やその家族に何を望んでいただろうか？　今まで出会って人たちのことを思い浮かべイメージを膨らませる。

短い沈黙の後，ゆっくりと話し始めた。

「お母さんにこれからできることは2つあると思います」

母親は涙をふくと真剣な眼差しを向けてきた。悲壮感の漂う視線だ。

ゆっくりと一言一言に力を込めて言った。「1つは今後，誠が同じ過ちを犯さないように見守り続けるために心身共に健康でいることです。だからこれからも通院とカウンセリングを続けてください」大きく息を吐き出してから話を続けた。「2つ目は前のワークでもやりましたが，誠が大人になっていくためのロールモデルになるように意識してください。これから自分がどのような人生を送っていくかを考えてください。被害者やその家族に見られても恥ずかしくないように生活をしてください」

きついことを言っているのはわかっている。でも，これが今言える精一杯な言葉だ。

「わかりました。ありがとうございます」母親はテーブルに頭がつくくらい深く頭を下げた。

第7章

被害者およびその家族の気持ちを考える

被害者および家族の気持ちに気づく

このセッションでは被害者およびその家族の立場に立って考えることができるようになることと，自分のやってしまったことの重大さに気づくことが目標になる。

被害者および家族の気持ちに気づくことで性問題行動の抑止力になる。しかし，事の重大さに気づくことで不安定になることがあるので注意が必要である。

加害者が以前に性被害にあった場合には，性問題行動を起こした子どもが過去に同様の被害を受けていることは多い。

例えば，児童養護施設で年長児に陰部をいじられたり，なめさせられたりということがあると，時間を経て年長児になった時に同様な行為を年少児に強要する（施設内性問題行動連鎖）。親，親戚，近所の大人等に陰部を無理やり見せられたり，触らせられた子どもが，年少児童に同様なことを繰り返すことがある。

その場合には被害を受けたときの振り返りをする。振り返るワークとしては次のようなことがある（カーン，2009；藤岡，2006）。

1) いつ，誰に，どこで，どのようなことをされましたか？
2) その時，あなたはどうしましたか？（例：逃げた。嫌がった。我慢した）
3) その時，あなたはどのような気持ちになりましたか？
4) そのことがあなたの生活に影響を与えましたか？　与えた

としたらどのような影響がありましたか？

性被害者に与える影響と特徴について

　性問題行動を起こした子どもが問題行動後，被害者がどのような生活を送っているか知ることはほとんどない。

　そのため，問題行動がその後の生活にどのように影響を与えるのか，知っておくことが必要である。場合によっては性被害者の手記の読書なども有効な方法である。

　被害者が加害者に望んでいること，被害者が受けた影響も知っておく必要がある。

　主な影響と特徴としては次のようなことがある（東野，2008；小林，2011；吉田，2001；森田，1999）。

1）性問題行動児が一生，やったことを背負って生きていくのと同じように，被害者はされたことを忘れることはない。
2）外に出るのが怖くなったり，他人（特に加害者と似たタイプ）に会うことや話すことに不安や恐怖を感じることがある。また，他人が信じられなくなり，親密な関係が作りにくい。
3）急にやられたことが生々しく思い出されて，怖くなってしまうことがある。
4）夜，寝られなくなったり，何もしたくなくなったり，怒り易くなったりして，時には精神科への通院が必要になることもある。
5）自分が普通じゃないような気がしている。自分が他の人と違う気がしている。

　被害者およびその家族が加害者に望むこととしては主に次のようなことがある。

1）もう2度と同じことをしないと約束してほしい。

2）2度と同じことをしないために治療（カウンセリング等）をきちんと受けてほしい。
3）被害者は自分がいけないと思っていることがあるので，被害者には責任はなく，全ての責任は加害者にあることを認めてほしい。

被害者およびその家族の立場に立って考えることについて

ワークとしては次のようなことがある。

・被害者のことを考えることはありますか？ あるとしたら,いつ，どのようなことを考えますか？
・被害者の家族のことを考えることはありますか？ あるとしたらいつ，どのようなことを考えますか？
・被害者は今どのようなことを考えて，どのような生活をしていると思いますか？
・被害者の家族は今どのようなことを考えて，どのような生活をしていると思いますか？

より理解を深めるために支援者が加害者役になり，性問題行動児童が被害者役になり，問題行動のロールプレイをすることもある。また，問題行動のシチュエーションをイラストにして台詞を書き込んでもらうという方法もある（図1）。
ここまでの流れをケースでみていく。

「寒いな」
「本当に寒いですね」
部屋に入ってきた誠の吐く息は白い。
「今日は作業じゃないんだ」

第 7 章 被害者およびその家族の気持ちを考える

図1

　黒い学生服姿の誠に声をかけた。
「ええ，定期試験前なので自習していました」
　もうすぐ定期試験が始める。誠は県立全日制高校志望だ。中2の3学期の成績は重要になってくる。
「順調か？」
「うーん。大丈夫だと思うけど」
　首をかしげてうなる。学園から中学を卒業するのは毎年15人前後。高校進学をするのは1桁だ。ほとんどが就職で，数名が定時制高校に進学する。とても勉強に集中できる環境とはいえない。進路のことを考えるとなるべく早く退園させたほうがいいだろう。

だが、今は進路相談ではなく、性問題行動防止プログラムなのだ。気持ちを切り替える。

誠はワークをテーブルに置く。その表情はやや硬い。

「きつかったか？」

誠は何も答えない。それが答えなのだろう。

ワークが所々抜けており、話し合いながら埋めていった。

自分の受けた虐待（被害）について
・いつ、誰に、どこで、どのようなことをされましたか？

小学校6年生の12月の放課後にクリスマス会の準備をしていました。その時、クラスのボス的な男女やその仲間たち6、7人に仲の良かった女の子に無理やりキスさせられました。女の子はそのときは嫌がりもしなかったけど、キスした後に泣いていました。次の日から学校に来なくなりました。その後、ボス的な男子に「先生に言ったら殴るぞ」と言われて、誰にも言えなかったです。クラスのほかの子にも口止めをしたみたいです。

・その時、あなたはどうしましたか？（例：逃げた。嫌がった）

本当は嫌だったけど、怖くて断れなかったです。そのときはヘラヘラと笑っていたような気がします。

・その時、あなたはどのような気持ちになりましたか？

その時は何も思わなかったが、家に帰ってから怖くて悔しくて泣けてきました。何であんなことをしなくちゃいけなかったんだと思いました。

・そのことがあなたの生活に影響を与えましたか？　与えたとしたらどのような影響がありましたか？

相手の子が学校に来なくなったが、みんなは何もなかったように過ごしていました。キスを命令した子やその仲間に会うのが嫌でだんだんと学校を休んだり、早退することが増えてきました。

「話し合ってみてどうだった？」

被害者およびその家族の気持ちを考える
第7章

「苦しかった。なんで何も悪いことをしていないのに,こんなつらい思いをしなくちゃいけないだろう。その子のことは好きだったけど,あんなことはしたくなかった」

誠は声を震わせてつぶやいた。

「なぜ,僕なんだろうって。なぜ,『嫌だ』って言えなかったのだろう。その場から逃げればよかったのに,その時は考えつかなくて」

ドンと鈍い打撃音が響く。誠がテーブルを叩いたのだ。誠はうなだれて肩を小刻みに震わせている。きついことなのはわかっていたし,傷つくのわかっていた。それでも誠が新しい自分に出会うためには必要なことだと言い聞かせて声をかけた。

「苦しかったよな。でも,誠がイタズラした子も同じような思いをしたんじゃないのかな」

誠は一瞬,目を見開き,すぐにまぶたを閉じた。頬に一筋の涙が伝う。

部屋の外をふざけながら歩いていく子どもたちの声が響いてくる。普段なら気にならないのに,妙に耳障りだ。

誠は突っ伏して嗚咽をあげる。

「僕……僕は本当にひどいことをしてしまったんですね」誠の声が濡れている。

「そうだな」発した声は思っていた以上に重く低く響いた。

今日から2月だ。海から吹き付ける海風は冷たいというより痛いという言葉がぴったりくる。

時計を見ると4時5分前だ。その瞬間,ドアをノックする音がする。黒い学生服姿の誠が入ってきた。

「はいどうぞ」

そっと胸をなでおろしながら声をかける。心のどこかで来ないのではないかという不安があったからだ。

「元気でやっていたか?」

「元気って言ったってこないだあったばかりですよ」

誠はぎこちない笑みを浮かべる。

ここにきて面接のペースを上げたのだ。その理由の1つはこのセッションは心理的な負担が大きいので、こまめに様子を見たいから。

もう1つの理由は年末から退園の時期について検討してきた。そして4月上旬には退園することが確認されたのだ。だから学園で行うプログラムをそれまでに終了しなくてはいけない。

「そうだな。この1週間で変わったことはないか？」

「五十鈴先生に昨日、教室で数人の友達とシモネタで盛り上がっていたら、『何、浮かれているの！』って怒られました。それも僕だけ。他の奴には注意しないでさ」

誠は両腕を上に上げて伸びをしながら不満そうに言った。かすかに湿布の匂いがする。

「なぜ、誠だけ注意されたと思う？」

誠はしばらく考えて言った。「退園が決まって浮かれていると思っているんでしょ。イラつくな」語尾がとがる。

退園の予定が立ったことで浮かれていると思ったのか、それとも性加害児だから性的なことを話したことに過剰に反応したのだろうか。それとも両方だろうか。

豊田さんからもこの1週間、寮で少し落ち着きがなく、高等部の手伝いから夕飯時間まで戻れなくて何度か注意したと連絡をもらっていた。

「退園の目処がたって落ち着かないのか」

「それはないです」

はっきりした口調と否定した。

「高等部の作業は相変わらず頑張っているんだってな」

「よく、戻りの時間が遅くて怒られますけど。作業していると余計なことを考えなくていられるから。おかげで体中筋肉痛です」

誠は右腕をぐるぐる回しながら無理に笑顔を作った。

第7章 被害者およびその家族の気持ちを考える

「前回のワークをやって,やってしまったことの重大さに気づき,気持ちがコントロールできなくなったか」

誠の表情が一瞬,固まる。図星か。無言でうなずき,そのままうなだれてしまう。

海風が窓に当たりギシギシときしむ音が聞こえる。

「だから,それを紛らわそうとはしゃいだり,作業を頑張ったりしているのか」

うなだれた誠の顔をのぞきこむ。今にも泣き出しそうなるのを必死で堪えている。

「ひどいことしたんですよね」腹の底から搾り出すような声を発した。

否定はできない。人間としてやってはいけないことをしたことは事実だ。

これまで出会った性被害者たちの顔が浮かぶ。言いようのない感情が浮かび上がる。

大きく深呼吸をして気持ちを切り替える。

「今まで,性被害を受けた子やその家族ともたくさん関わってきているんだ」

誠の顔が上がり,真剣な眼差しをむけてくる。

「そのなかで,多くの人たちが共通して加害者に望むことはもう2度と同じことをしないと約束すること。2度と同じことをしないためにカウンセリング等をきちんと受けること。被害者は自分がいけないと思っていることがあるので,被害者には責任はなく,全ての責任は加害者にあることを認めることの3つなんだ」

ゆっくりと誠の胸の奥底に流し込みように話した。一呼吸おき,言葉を続ける。

「今,誠にできることはプログラムに真剣に取り組み,二度と同じ過ちを起こさないようにすることだ」

「はい」反省,後悔,懺悔,悔しさ,覚悟などいろいろな感情が入り混じった声が返ってくる。

第7章

　一度休憩を入れてプログラムを再開した。
　テーブルの上にはセリフの欄が空欄のイラスト（図1上）がある。
「寮の先輩との会話だと思ってこの男の子がどう答えるか考えてセリフを入れてくれ」
　誠はイラストを真剣な眼差しで見つめている。
「できました」
　誠は吐き出す息に乗せてつぶやいた。
　これは誠の寮の様子を想定した練習問題だ。

練習問題

おい、どけよ！
他の番組を
見るからよ

あっ、はい
どうぞ……

〈その時の気持ち〉
ぼくがみていたのに…
なんでゆずらないと
いけないの？
でも怖いから
言えない

　今度が本番である。
　被害者らしき女の子の吹き出しは空欄になっているイラストを差し出す。
「誠がこの女の子だとしたら、どんなセリフを入れるか考えて書き入れてくれ」
　誠のシャーペンを持ったささくれだらけの手が震えている。しばらく絵を見つめていたが、ゆっくりと書き込みはじめた。書いて消し、消しては書いての繰り返し、2つの台詞を書き入れいるのに30分を要した。

第7章 被害者およびその家族の気持ちを考える

〈その時の気持ち〉
すごくこわい
いやな気持ちになる
言えるのかな

〈その時の気持ち〉
気持ち悪い
逃げたい
けど怖くて
逃げられないかも

「やってみてどうだった？」
「今まで自分こととお母さんのことばかり考えていたけど，本当にひどいことしたんですね。本当に怖い思いさせたんですよね。ごめん，ごめんなさい」
　誠が途切れ途切れに話す。
「だから，今，やるべきことを逃げずに頑張ります」
　語尾は振るえ聞き取りにくかったが，気持ちは十分に伝わってきた。
「よく頑張っているよ」
　思わず誠の肩を抱き寄せてしまった。

第7章

　目の前に座る誠の顔色は良くない。口もとには大きなマスクをしている。
　「風邪でもひいたか？」
　ますます寒さが厳しくなり，風邪が猛威を振るっている。誠の面接の前の面接の予定も風邪でキャンセルとなった。誠のクラスも学級閉鎖になった。
　「いえ，大丈夫です」マスクをはずし，ため息に乗せてつぶやく。
　「プログラムがつらいか？」ストレートに聞いてみた。
　「はい，苦しいです。昨日の夜もお腹が痛くなりました」誠は腹の辺りをさする。
　「苦しいよな。被害者のことを考えてしまうか？」
　「本当に悪いことをしたと」誠は肩を落とす。
　「でもよく来たな」
　「もう逃げたくないから。もう逃げてばかりの自分から変わりたいから」誠はまっすぐに見つめてくる。そこには1年前の誠はいなかった。確実に変わろうとしている誠がいる。
　「新しい誠に出会おうな」
　被害者や家族の気持ちについてはこれでいいかもしれない。本当はロールプレイで被害者の気持ちの理解を深めるつもりだったがそこまでする必要はないだろう。
　本田さんが言っていたガイドのような役割とはこういうことなのかもしれない。本人の理解や状況に応じて必要なワークを用意したり，情報を提供していくことでより安全に効果的に支援を進めていくことではないだろうか。
　「このセッションも今日で終わりだ。頑張っていこう」
　誠はエナメルバックから筆箱を取り出す。今回のワークはここで一緒に考えることにした。

《被害者とその家族の気持ちを考えるワーク》
・被害者のことを考えることはありますか？　あるとしたら，い

> つ，どのようなことを考えますか？
> 以前は思い出さないようにしていて急に思い出されて涙が止まらなくなることがありました。最近はプログラムの時とか，宿題をやるときなどに自分から考えるようになりました。
>
> ・被害者の家族のことを考えることはありますか？ あるとしたら，いつ，どのようなことを考えますか？
> 宿題をやる時と寝る前に考えます。きっと怒っているだろうし悲しんでもいるだろうと思います。
>
> ・被害者は今どのようなことを考えて，どのような生活をしていると思いますか？
> 事件のことを忘れようとしながら学校に通ったり，友達に遊んでいると思います。
>
> ・被害者の家族は今どのようなことを考えて，どのような生活をしていると思いますか？
> 事件のことを触れないようにしています。楽しく生活していると思っています。

「なぜ，急に思い出さなくなるようになったのだろう？」

「振り返りで全部を話して，ここできちんと考えようと思うようになったからだと」誠は自信なさそうに話す。

「夜，寝る前に考えるのか？」

「はい，『ほめるワーク』を終わると思い出して心の中で『ごめんなさい』と謝罪しています。そんなことしても意味ないのはわかっているけど。そうしたほうがよく寝れるので」

誠は制服の第一ボタンを外しながら話した。

「なぜ，女の子や家族が学校に通ったり，遊んだりしていると思うんだ？」

今まで出会った被害者たちの中には不登校になっていたり，遊ぶどころか，外にも出られずおびえて生活している子もいた。そ

れを考えると甘いと思ってしまう。
「僕が乗り越えようとして学校に行き，作業をして先週もスキー合宿に行き楽しんできています。だから同じように頑張っているのかと……」一呼吸置いて言葉を続けた。「そうあってほしいと願っています」
誠は苦しそうに話す。
自分が頑張っているからきっと乗り越えようとしていると考えるか……。誠と行うワークは自分でも誠の立場で考えてやってくるようにしている。そうすることで誠と分かり合えるような気がするからだ。しかし，自分が頑張っているからきっと誠も乗り越えようとしているとは考えもしなかった。
子どもたちと関わっていると常に色んなことを気がつかされ，教えられる。それは性問題を起こした子であっても同じだ。
「そうだな。元気にやっていてくれるといいな」
これまで出会って被害を受けた子たちの顔が浮かぶ。天井を仰ぎながら言った。
「これで終わりにするが，なにか言っておきたいこととか，聞いておきたいこととかあるか？」
短い沈黙の後，気持ちを切り替えるように大きい声で聞いた。
「本当にもう退園してもいいのですかね」
「それって女の子に申し訳ないってことか？」
「それもあるけど……。また同じことをしてしまわないかと」
「退園してもプログラムは通所で続けるし，通所が終わっても何かあれば自分でこのワークブックを見て振り返るんだぞ。ずっと続けていくんだから」
厚くなってきた水色のファイルを指さして言った。
「わかりました」
誠は椅子に座り直し，静かに目を閉じた。それにつられるように背筋を伸ばし，目を閉じた。
　1・2・3・4・5。1・2・3・4・5。

第8章

地域生活にむけての準備と今後について

中学校卒業後の進路について

入園中の早い段階から進路を含めた退園後の生活について話し合いを進めることの意味には次のようなことがある。

1）性問題行動を起こして施設入所した子どもの多くは今後，普通の生活に戻れないのではないかという不安が強い。早い段階から話し合いをして退園後の選択肢がいろいろあることを知ることで施設での生活のモチベーションが向上し，プログラムに積極的に取り組むことができる。
2）話し合いを進めることで本人，家族が変わるだけでなく，より本人が本人らしく，より再犯防止のサポートを受けられる環境の調整をすることができる。

児童自立支援施設卒園者の進路は，就労や定時制高校を選択することが多い。しかし，中学校卒業の求人は少なく，勤務条件も厳しく，早期に退職することが多い。定時制高校も多くの生徒が中退してしまう。

中には全日制高校に進学する場合もあるが，学力で学校選択をすることになるため，いわいる『底辺校』と言われる高校に進学することが多い。不安定な子どもが多く，誘惑が多く中退してしまうケースがほとんどである。

児童自立支援施設卒園者が再犯率も3割前後と高いことから早

期の地域生活への準備が必要になってくる。

元いた地域以外から就学・就労する方法

被害者が同居の年下の兄弟・親戚や近所に暮らす場合には元いた地域以外に居住することが望ましい。

就労の場合には住み込み就労,もしくは寮設備のある就労になる。しかし,両方ともに求人が少なく,その多くが勤務条件が良くなく,離職率が高いのが特徴である。

元いた地域以外の就学には,全寮制高校や寄宿型フリースクールや山村留学がある。これらの多くは離島,山村部にあり,「危険な場所」を回避しやすいというメリットがある。多くの学校が,少人数制できめ細やかな支援が受けられる。実践的な授業も多く,学力の不安を抱える子どもにも向いている。また,家族関係や地域の交友関係に問題を抱える場合に有効な進路である。

その反面,寮費,生活費など経済的な負担が大きい。親元を離れて生活することや生活上の制限があることで抵抗感を感じる子どももいる。

全寮制高校

有名大学への進学を目標にする学校,体験学習重視する学校,不登校や情緒不安定な子どもを積極的に受け入れる学校など各学校ごとに特色がある。

その多くが私立であるが,数は少ないものの,公立学校もあり,私立でも奨学金など経済的配慮がなされている場合もある。

寄宿型フリースクール

寄宿しながら地域の学校やフリースクールに通ったり,アルバイトに行くなど多様な形をとっている。

山村留学

　小・中学生が一定期間親元を離れ，山村の留学センターや里親家庭で生活しながら現地の学校で学ぶことである。最近では不登校やいじめなどを抱える子どもの参加が増えてきている。

自宅からの就学する方法

　自宅からの通学の場合，家庭によっては生活上の制限がなくなり，生活が乱れやすく，性問題行動を誘発するような要因も多い。

　しかし，自宅から通学のほうが経済的な負担も少なく，生活の制限が少ないことから自宅通学を選ぶケースが多い。自宅に戻る場合には後述するサポート体制の充実が重要である。

就労

　中学卒業，高校中退の場合には職種が限定され，求人も少なく，勤務条件が悪いことが多い。できれば高校卒業してから就労することが望ましい。

全日制高校

　80％以上の中学卒業生が選択する一般的な進路である。基本的には地域，成績で学校選択をすることになる。

　最近では普通科以外に，単位制高校，総合高校なども設立してきている。

単位制高校：学年による教育課程の区分を設けず，決められた単位を修得すれば卒業が認められる高校である。自分の興味，関心等に応じた科目を選択し学習できる。学年の区分がなく，自分のペースで学習に取り組むことができる。クラス単位の枠組みになじめなかったり，自分の興味ややりたいことがはっきりしている子どもに適している。

総合高校：普通科目・職業科目の枠をはずして選択科目を設け，

生徒が自らの希望に応じて学習系列を組み，履修することができる。主要教科（英数国）が普通高校より少なく，パソコン，美術，簿記，福祉などの教科を選ぶことができる。一般教科が苦手だったり，他に興味のあることがある場合などに適している。

その他：入学希望者が減少し学校数は減ってきているが，工業高校，商業高校，農業高校など実習などを多く取り入れた実務的な高校もある。

定時制高校

主に夕方から始まる高校であるが最近では昼過ぎから授業を開講していたり，履修の仕方によっては3年間で卒業が可能な学校もある。入学はしやすいが，その分，中退率も高い。

通信制高校（サポート校）

通信制高校は基本的に自宅でレポートをやり，夏や冬などにスクーリングを受けるという形態でほとんど通学しないで高校卒業をすることができる。しかし，継続することが難しく，中退率が高い。そのため3年間で卒業できるように学習や生活を支援する民間の教育施設として「サポート校」がある。授業や学校行事など，全日制高校と同様のスクールライフを体験できるのが特徴で不登校などの課題を抱える子どもが多く通学している。少人数でサポート体制も充実していることが多い（晶文学校案内編集部，2013；学びリンク編集部，2014）。

地域生活に向けてのサポート体制作り（主に家族）について

地域生活での再犯防止ための支援の中心は家族になる。家族がいかに早く本人の変調に気づき対応できるかである。そのためにも，再犯しにくいような生活のルール作りが必要になってくる。

これまでに行った**危険な気持ち**，**危険な前兆**，**危険な場所**，**危険な考え**のワークと**性問題のプロセス表**と親子それぞれに行ったこれからの生活に関するワークを元に家族で話し合い，サポート体制を作ることになる。

親子だけの話し合いでは難しい場合には，支援者を交えて話し合うことになる。

話し合う内容は次のようなことである。

・同じ過ちを犯さないためにできることは何ですか？
・生活が乱れ，不規則な生活になることが予想されます。それを防止するためにできることは何ですか？

また，親子ともに相談できる支援者を持つことが重要である。例えば，児童相談所の担当者や児童精神科医，カウンセラー（心理士）が考えられる。

「終わり」について

性問題行動防止プログラムには終了はあるが，性問題行動は一生付き合っていく業であり終わりはない。

しかし，プログラム終了時には関係者を集まって振り返りをすることが望ましい。プログラムの中で振り返りとして**手紙**を書いたり，**振り返りのワーク**をするのも1つの方法である（カーン，2009；藤岡，2006）。

自分あてに手紙を書く
・性問題行動をどう考えていますか？
・今，自分のことをどう思っていますか？
・将来どんな大人になりたいですか？
・これからどのようなことを努力していこうと思っていますか？

プログラムの振り返り

- プログラムをする前の自分はどのような人だと思っていましたか？
- プログラムをした後の自分はどのような人だと思っていますか？
- プログラムをして変わったこと，気がついたことはありますか？

ここまでの流れをケースで見てみよう。

　誠の希望により11月より退園後の話し合いを始めた。そのほとんどが中学卒業後の進路についてだ。

　誠は高校進学を希望していたので，自宅から通える高校と寮などに入って共同生活を送る2つのタイプについて説明を進めた。

　退園後，生活の乱れが心配されたため，全寮制高校を勧めた。しかし誠は家に帰ることを希望し全寮制高校には興味を示さなかった。

　誠は家から通える高校の種類がたくさんあることに驚いていた。何より，問題を起こし学園に来たことでもう普通の高校生になれないと思い込んでいたので，いろいろな可能性があることを知りとても喜んでいた。

　以前，自分を知るワークの「今後，どのようになりたいですか」で普通の高校生と書いていた理由がわかったが気がした。

　その様子はまるで不登校になった子が「もう行く高校がない」「もうまともな大人になれない」と嘆き，絶望してしまうことに似ていた。

　退園後の努力次第で普通の生活ができることが，プログラムや学園生活を頑張る活力になった。

　誠はパソコン，イラスト関連の科目の多く通信制高校（サポー

ト校）に興味を示し，パンフレットを取り寄せ，一緒に学校生活のイメージを膨らませていった。

　通っていた中学校では楽しいことがほとんどなく，高校では好きなことをしたり気の合う仲間とすごすことを目標にした。そのことで学園生活でもより積極性が出てきた。

　年が明け，外出時に母親から慰謝料を払うために家を売って市内のアパートに引越しをしたことを聞かされ，自ら県立総合高校へ進路変更をした。

　だが，希望する総合高校に合格するには今の誠の成績では難しかった。学業に集中するためには早めに退園をすることが検討され始めた。

　5月くらいに学園内でのプログラムを終了する予定で，夏休みに退園し2学期より地域の中学校に転校する方向で考えていた。しかし，学園での生活態度は良好なこともあり，プログラムのスピードを上げた。3年に進級する段階から地域の中学校に通学することに予定変更になった。

「よし，終わり」
　ゆっくりと目を開け，深呼吸を3回する。
「気持ちの切り替えはできたか」
　被害者およびその家族の気持ちを考えるワークを終わったばかりだ。きっときついだろう。今日はこれでも終わりにしてもいいかもしれない。
「大丈夫です」
　言葉とは裏腹に声は震えている。でも退園してからのことを話したそうだ。
「逃げたことにならないですよね」
　きっと退園を早めたことを言っているに違いない。誠としては昨年，入賞を逃した水泳大会で終えてから退園することを希望していたのだ。

近頃，嫌なことから逃げてしまわないようにしようとする意識が強い。いいことなのだが，もう少し力を抜いてもいいような気もする。
「逃げたことにならない」
はっきりした口調で答えた。
「総合高校に行くには夏まで学園にいたら難しいだろ。4月から勉強に集中するために退園するんだろ」
「そうだけど。駄目なら第2希望の農業高校でもいいし」誠は口ごもる。
 誠の興味はイラストやゲームから農業や動物の飼育に変わってきていたから，農業の実務的な勉強ができる農業高校の酪農コースを第2希望していた。
 農業高校はここ数年定員割れしており，今の誠なら十分，合格するにちがいない。
「でも，またやりたいことが変わるかもしれないし，変わったとき農業高校だと進路変更が難しいぞ。何より楽するのではなく，ちゃんと受験勉強をしてチャレンジするって決めたんだろ」
「そうです」誠の顔が引き締まる。
 前回の外出時に親子で話し合いをして決めてきたことだ。最近は親子でちゃんと話し合えるようになってきた。これなら地域生活に向けてのサポート体制作りを始められるだろう。
「来週の金曜日は児童相談所にお母さんと来てくれよ。退園後の話し合いをするから」
 明後日から3月になる。3月になると金曜日の午後から日曜日の夕方まで毎週外泊訓練になる。金曜日には児童相談所に来所してもらい，親子合同の面接を行う予定である。
「そうそう，ワークブック持ってくるのを忘れないでな」
「わかりました」声変わりした大人びた声が返ってきた。

 3月に入っても寒さの厳しさは変わらない。海風が強く吹き付

ける中，親子で来所した。
　母親がトイレに行ったので，誠と面接室で待っていた。
「お母さんは化粧直しか？　それとも俺たちと同じなのか？」
　冗談めかしに言った。
「いえ，母は体に出ることはないです。気分の落ち込みですね。多分，精神安定剤を飲んでいると思います」
　大人みたいな口調だ。
「知っていたのか？」
「はい。去年の誕生会で外出した時にお兄ちゃんから『精神科に通っているからあまり心配かけるな』と言われました」
　言葉に詰まって困っていると母親が戻ってきた。
　何もなかったように簡単な挨拶の後，ファイルの問題行動のプロセス表のページををテーブルに開き，説明を始める。
　母親は食い入るような表情でシートを見ている。その隣で誠が様子を窺っている。
「これで問題行動のパターンの説明は終わりますが，何か質問はありますか」
「ありません」
　母親の硬い声が返ってくる。右手のハンカチを強く握っている。
「誠，間違いや補足はあるか」
「大丈夫です」
　誠は制服の第一ボタンをはずし，息を吐き出した。
　続けて，健康な状態，危険な気持ち，危険な前兆，危険な場所，危険な考えのワークを見せながら説明をする。
「何かわからないところはありますか？」
「大丈夫です」
　母親の額にうっすらと汗がにじむ。
「誠はいい？」
　無言でうなずく。動揺している様子はない。
「じゃ，これらを参考にして以前にそれぞれ考えてもらった**地域**

生活に向けてのサポート体制作りを話し合ってきてもらっていいですか？　これが家に帰ってからの再犯防止のためのルール作りになりますが大丈夫ですか？」

母親の様子を伺う。肩で大きく息をしている。

「もし大変なら次回，ここで話し合って決めることもできますよ」言葉を付け足した。

「大丈夫です。やってみます」

母親の代わりに誠が返事をして力強くうなずく。

「わかりました。やれるところまでいいので無理しないでくださいね」

「頑張ってみます」額の汗をハンカチで拭きながら弱々しい声で答えた。

「では来週の金曜日にお待ちしています」

3月も半ばになり，朝晩は寒さが厳しいが，日中の頬をなぜる風はやさしい。

面接室に入ってきた母親の化粧はいつもより濃い。目の下にはうっすらとくまもできている。

陽子さんからの情報だと「誠が頑張っているから頑張らなくては」と気を張っているとのこと。何かあればサポートするとのことだったので，予定通り進めることにした。

誠は赤いヨットパーカーにワークパンツ。どこにでもいそうな中学生だ。

「話し合いはしましたか」

「はい，話し合いました」

母親は言いながらワークシートを取り出した。丁寧な字できちんと書かれている。

シートに沿って話し合い，具体的にできる内容にした。

- 同じ過ちが犯さないためにできることは何ですか？

第8章 地域生活にむけての準備と今後について

> パソコンにフィルターをかけて，成人サイトを見れないようにする。
> 出かけるときには家族に用件，場所，帰る時間を言って出かける。
>
> ・生活が乱れ，不規則な生活になることが予想されます。それを防止するためにできることは何ですか？
> 起床時間，就寝時間を決めて守る。
> パソコン，ゲームは1日1時間半までにする。
> 近所の土地を借り家庭菜園をして生活リズムを作る。
> 学習塾に通うようにして生活のリズムを作る。

「これなら守れそうか？」
「やれると思います」
誠ははっきりした口調で答えた。
「お母さんもこれから大変になると思いますが，よろしくお願いします」
「はい，明日には電気屋さんが来てフィルターをかけてもらいます」
「動きがいいですね。家に戻ってみて問題があればその都度話し合いながら調整していきましょう。2週間後には退園になりますが，しばらくは通所してもらいますから」
「そうしてもらえると安心です」
母親はほっとしたように話す。

学園で行う最後のプログラムだ。今日は本人，五十鈴先生，豊田さん，本田さん，母親が一同に集まっての振り返りだ。人数が多いので誠が学んできた教室で行った。
目の前には座る誠は背筋が伸び，堂々としている。1年前の集まりのときに大違いだ。
「学園に入って1年近くになるな。いろいろなことがあったと思うけど，何か変わったこととか，気がついたこととかあるか」

第8章

　すっと立ち上がり，大きく息を吸い込むとゆっくりと話始める。
「取り返しのつかないひどいことをしたのだと気がつきました。僕のできることは，二度と同じ過ちを起こさないように努力することです」
　誠の堂々とした声が教室に響きわたる。
「本当は学園に来たくなくて，いつも家に帰りたかったけど，生活する中で自分の問題が見えてきて自分なりに頑張って少しは変われた気がします」
「どんなふうに変わったんだ」豊田さんが質問した。
「共同生活していたから人のことを少し考えられるようになったし，体力がついて朝のマラソンが早くなった。泳げるようにもなったしスキーができるようになったし，農作業や動物の世話も上手になったかな」
　誠は少しくだけた口調で答えた。
「それって，学園の生活だろ。プログラムのことだよ」
「プログラムはまだ終わっていないし，どう変われたかわかりません」誠は正直に答える。
「おい，誠さぁ」豊田先生は一瞬，こっちを見て言った。
　それでいいのだ。できなかったことができるようなる。知らなかったことを知る。そうすることで自信がついてくるのだ。プログラムは基本的な生活があってこそのものだ。
「もう，同じことはしそうにないか」本田さんは間を取り持つように優しい口調で尋ねた。
「自信はありません」教室の中がどよめく。
　本当に正直な奴だ。適当に取り繕えばいいのに。でもそんな誠が愛おしい。
「自信がなくて当たり前だろ。だから，退園後もプログラムは続けるし，プログラムが終わった後も，終わりじゃなくて自分で意識しながら付き合っていくことだからな」
　どよめきを収めるように大きな声で言った。

第8章 地域生活にむけての準備と今後について

その後，それぞれ誠にねぎらいや励ましの声がけをした。

最後は母親からだ。

「誠と離れて生活してみて自分の至らないことがたくさん見えてきました」

ゆっくりと立ち上がると静かに話し始めた。

「鈴木先生から『誠のモデルになるような大人であるように』とアドバイスされずっと考えていました。その答えがやっと見つかりました」

一呼吸置いて言葉を続ける。

「4月から働きに出ます。パートだけどスーパーで働きます。これからもみなさんよろしくお願いします」

深く頭を下げる。このタイミングで働いて大丈夫なのだろうか。

帰り際，誠が「本当に働いて大丈夫なの？」と母親の耳元でささやいている。

本当に成長したんだな。これからは誠が母親を支えていくのかもしれない。それが重荷にならなければいいのだが……。一抹の不安がよぎる。

中学3年生に進級し，月1回児童相談所への通所を始めた。

転校後，しばらくは学校になじめなかったが，ゴールデンウィーク明けから通い始めた学習塾で同じ中学の友人が数名できた。

6月になると母親がパートを辞めてしまう。そのころから誠も休みはしないが，学校に行きたくない気持ちが出て，休日のマスターベーションの回数が増えるなど危険な兆候が見え始める。

危機感を感じていた誠は動物愛護センターでのボランティア募集のチラシを見つけてきた。誠と2人でセンターの見学に行き，週末はセンターで飼育補助などを手伝わせてもらうことになる。

夏休みは生活が乱れやすいので，塾の夏期講習を受け，週末は動物愛護センターで過ごすようになる。

10月には生活が安定してたことと，受験勉強に集中するために

2カ月に1回のペースに面接を変更となる。この頃になると母親は体調不調のため、誠だけの面接になることが多くなった。その分、母親の陽子さんとのカウンセリングの回数は増えた。

12月の面接では模試の結果を持ってきてくれた。目標としていた県立の総合高校でA判定が出るまで成績が上がっていた。しかし、誠からは愛護センターでボランティアをする中で将来、獣医になりたいという希望が強く持つようになる。そして北海道にある高校へ志望変更をする。その高校は将来、獣医、酪農関連の職業を希望する学生が全国から集まる全寮制の高校だった。

「その高校は道立なので寮費も学費もほとんどかからないみたいなんです。敷地内には牧場や農場があるんです」

テーブルに置かれたパンフレットを開きながら興奮した口調で話す。

「まぁ、ジャンパーくらい脱げよ」

誠はあわてて赤いダウンジャケットを脱ぐ。

「全寮制だろ。家を離れるのが嫌じゃなかったのか？」

「お母さんの調子があまり良くないし、お互いのために家を出たほうがいいかと。それに動物に関わる仕事をするにはやはり獣医になるのがいいと思って」

誠の言葉からはよくよく考えてのことだということが伝わってくる。

三菱先生からは母親は夏以降、状態が悪く、家事をするのがやっととのことである。

「成績は大丈夫なのか？」

北海道の学校のことは知っている。伝統があり、実習なども充実していてとても良い学校だと聞いている。獣医学部への進学率も高い。その分、レベルも相当高い。

「わかっています。今の成績だと五分五分です。これから頑張ります」意志のはっきりした声が返ってきた。

模試の判定ではCとなっている。本当にこれからの頑張り次第

だろう。
「お母さんには話したのか？」
「鈴木さんに相談してから話そうと思っていたので。今日帰ってから話します」
相談じゃないだろ。もう自分で決めているんだろ。
「一緒に話さなくて大丈夫か？」
答えがわかっていることを聞いてしまった。しっかりしてきた誠が遠い存在になっていく気がして一抹の寂しさを感じる。母親も同じなのかもしれない。
「大丈夫です。どこまでできるかわかりませんがやってみます」
まるで新しい自分に出会うために必要なこととでも言いたそうな口調だ。
「わかった。応援するよ。何か手伝えることがあったら言ってくれ」
「ありがとうございます」
誠は深々と頭を下げた。

2月の終わり、誠から北海道の高校の合格の報告をもらった。
3月のはじめ、ついに最後のプログラムになった。今日は母子揃っての面接になった。母親は目の周りのしわが増え、頬も落ち弱った様子だ。
その反面、赤いパーカー姿の誠は少しやせた気がするがエネルギーがみなぎっている。高校に合格したことも自信につながっているのだろう。
「最後のワークはやってきたか」
『最後』と言って自分で寂しい気持ちになってしまった。
誠はかばんからボロボロになった水色のファイルを取り出す。

プログラムの振り返り
・プログラムをする前の自分はどのような人だと思っていました

> か？
> 人の気持ちがわからない人。
> 事の善悪のわからない人
> 嫌なことがあるとすぐに逃げてしまう人・あきらめてしまう人
>
> ・プログラムをした後の自分はどのような人だと思っていますか？
> 少しは人の痛みがわかるようになったと思います。
> 少しは事の善悪がわかるようになったと思います。
>
> ・プログラムをして変わったこと，気がついたことはありますか？
> 本当にひどいことをしてしまったことに気がつきました。
> 本当に変われたかどうかはまだわかりません。でも嫌なことから逃げない人間になりたいと思います。

「お母さんはどうですか？」

何を言っていいのかわからず母親に話を振った。

「本当に私が情けないのに……。本当に良く頑張ってくれたと。まるで誠じゃないみたいで」

母親は目頭を押さえながら話す。語尾はもう言葉にならない。

「本当に良く頑張ってきたよ。正直，びっくりしたよ。ここまでやるとは思っていなかったから」

軽い口調で言った。一呼吸置いて，声をトーンを落とし，言葉を続けた。

「今日で面接は終わりになるけど，これからも続くことを忘れるな」

「はい，わかっています」

誠の顔が引き締まる。これ以上言わなくても十分にわかっている。

「でもまぁ，全てのことから逃げずに向き合っていくのは大変だから3回に1回くらいは逃げたり誤魔化したりしてもいいかもな。人間そんなに強くないからさ」

冗談めかし言ったが，半分は本音だ。なんにでも逃げずに向き合って壊れてしまった人たちをたくさん知っている。が，余計なことを言ってしまったかな。
「でも，また同じことをしてしまうんじゃないかという不安はいくら頑張っても消えなくて。新しい自分になれたかもわからないし」
　隣で母親が不安そうな顔で見ている。
　新しい自分に出会えてことを実感できるのまだまだ先のことだ。その時，そばにいられないのは残念だけどな。
「それは当然だろ。俺だってそういうことをしたことはないけど，絶対にそういうことをしないなんて自信はないぞ。人間なんてそんなもんじゃないのか。何かあればファイルを見直して思い出してくれよ」また本音がこぼれた。最後だと思うとつい……。
　誠は頬を緩める。「鈴木さんって本当に正直な人ですよね」
　ほめられているのかな。でも支援者としてはいいのだろうか考えてしまう。
「だから信じて一緒にやれたんだと思います。ありがとうございます」
　誠が深々と頭を下げる。
「こちらこそありがとう。誠に出会えて一緒にやれて本当に良かったよ」
　右手を差し出す。握ってくる手はごつごつした大人の男の手だった。

第9章

性問題行動のケース

　本章では、性問題行動を起こしたケースへのプログラムの適用の実際を描いてみた。ただし、複数のケースを組み合せて事例を構成したものである。

性問題行動防止プログラムで過剰適応をしてしまったケース

◆ケース概要
　A君（13歳）：知的障害児施設入所しており、地域の中学校支援級2年生である。軽度知的障害とADHDの疑いがあり、月1回のペースで精神科に受診している。

◆生育歴および経過
　生後3カ月でコインロッカーに捨てられているところを警察に保護される。そのため、家族の状況は不明。その後、乳児院を経て児童養護施設に入所する。知的な遅れがあり、小学校から支援級に通う。
　落ち着きがなく、衝動性も高く他児とのトラブルがあり、小学4年から精神科に通院しADHDの疑いと言われる。高学年になり、他児童や職員とのトラブルが増え、中学校進学時に知的障害児施設に措置変更になる。

◆問題行動の発覚およびその後の対応
　中学校の昼休みに支援級1年生のBさんを空き教室に連れ込み、

陰部をなめさせているところを先生に見つかり，問題が発覚する。その後の調査により今回が初めてでなく，これまでにも数回同様のことをBさんにしていたことが判明する。

　BさんもA君と同じ施設に入所していたため，2人を分離するため，A君は通院していた精神科病院に医療保護入院となる。

◆性問題行動防止プログラム
　週1回の面接を病院の面接室で行う。時間は本人で集中できる30分程度とし，入院期間が6週間と限定されていたので，5回とした。
　面接の回数，時間が限られていたので，ワークブックを使い，話し合った内容は病棟担当看護師と復習をする形をとった。
　危険な前兆，危険な場所，危険な考えのワークともし同じようなことを繰り返したら，精神科病院入院になることを理解することに重点を置いて面接を行った。

- **危険な前兆**：イライラして人を叩きたくなる。物を壊したくなる。
- **危険な場所**：自分より年下，身体や力の弱い女の子と2人になる場所。
- **危険な考え**：嫌な奴だがらこらしめてやろう。こいつは嫌いだ。

◆性問題行動まで経過
　Bさんのことは中学校に入学したときから気に入らなかった。これまで3～4回，同様のことをしてきた。先生たちがいないときを見つけて空き教室でやってきた。Bさんには「誰かに言ったら殴るぞ」と口止めをしていた。他の被害者はいないようである。
　A君は児童養護施設にいる頃に年長児に同様のことをさせられてきており，自分が小学校高学年になり，気に入らない自分より

弱い子に性別問わず同様のことを行っていた。回数や場所，詳しい内容について「もう覚えていない」とはっきりしたことはわからなかった。

養護施設の時には他の暴力事件で何度か指導は受けているが，性問題行動については現場で取り押さえられたわけではないので，やっていないと言い張り，問題が表面化することはなかった。

Bさんのことは入学した時から嫌いだったのでやった。自分もそうされてきたので，悪いことをしたとは思っていなかった。

Bさんの気持ちについても「自分も同じようなことをされて嫌だったけど，うるさいことばかり言うからやられても仕方ない」と言い，内省が深まらなかった。

しかし，精神科病院に入院になり，入院当初は保護室に入ったことで事の重大さを感じたようである。退院時には「つらかった。もう2度と入りたくない」と話していた。

A君の話を聞いていると性衝動による行動ではなく，嫌いな人を服従させる（支配）ために行ったような印象を受けた。

◆退院後の生活

退院後3カ月は施設内外の単独行動は制限した。学校でも集団授業には参加せず，個別対応となった。

面接は月1回のペースになり，1回30分程度にする。主に面接の回数，時間が限られていたので，イライラすることはないのか，イライラしたらどのように解消するのか，やっていいことと悪いこと等を確認した。

施設でも制限のある生活が続いたことで「悪いことをした」という認識が深まった。

面接時，「Bさんに悪いことをしたごめんなさい」という反省の言葉が聞かれる。

3カ月過ぎ，落ち着いて生活が送れていたので，施設内での単独行動は許可され，学校でも集団授業に参加することになった。し

かし，施設内では女子生活棟には近ずこうせず，施設でも学校でも全体の行事への参加を拒否するようになった。

理由を聞くと「女の子のそばに行って何かあるとまた入院させられるから怖い。だから近づきたくない」と話している。

その後，徐々に団体活動に参加できるようになるが，年下の女子と関わることへの恐怖感は未だに消えていない。

兄弟間での性問題行動が疑われたケース

◆ケース概要

両親は3年前にお互いに再婚でC君は母親の連れ子で，D君は父親の連れ子である。

C君（15歳）中学3年生。やや怠学傾向があるが，学校では目立なくおとなしい。

D君（6歳）小学1年生。小柄で落ち着きがない。学校では注意されることが多い。

◆相談の経過

C君が家のお金を持ち出したり，弟のD君に暴力を振るうので困るという主訴で母親がE市の子育て支援課に来所する。親担当，C君，D君それぞれに担当がつき相談が始まる。

・母親からの話

C君は中学2年生に進級したころから，母親の財布からお金を盗るようになる。

中学3年になってから財布を持ち歩くようにしているが，先日はタンスに入れてあった現金を持ち出した。盗ったお金でカードやお菓子を買っているようだとのこと。

また，親がいないところで弟をぶったり，蹴ったりしている。これまでも問題が発覚するたびに父親が強く叱責してきたが，一向に改善する様子が見られず対応に苦慮している。

・C君からの話

お金を盗ったこととD君に暴力を振るっていることはすぐに認めた。普段からお小遣いをもらっておらず，ほしいもの（お菓子，ゲーム，カード等）を買うのに盗ってしまった。

中学の様子としては成績は下位で部活には所属していない。友人は少なく一人でいることが多い。

D君に暴力を振るうのはゲームをしているのを邪魔をしたり，うるさくされるとイラついてついやってしまう。お金を盗ったり，D君を叩いたことがわかると父親に殴られたり，時には一晩中，正座をさせられたこともある。

・D君からの話

C君は普段は一緒に遊んでくれたり，お菓子をくれたりするけど，時々，叩かれることがある。しかし，それ以上に父親から殴られることがほうが多く怖い。

面接が重ねるにつれて，父親の暴力は飲酒した時に多く，子どもたちだけでなく，母親に手をあげることがわかってきた。

母親に父親の来所を促すが「仕事が忙しいから」「相談に行っても変わらない」と来所してもらえなかった。

そのような状況の中，D君からC君といつもお風呂に入っているが，その時に陰部を触られたり，肛門に指を入れられた等の訴えが出てきた。

母親にそのことを確認するとお風呂はいつも2人で入っているが，そのようなことがあったかどうかわからないとのことだった。C君に確認すると否定はするものの，かなりと動揺していた。

心配だったので次の面接を1週間後に予約するが，連絡もなく，来所しなかった。その後，何度電話連絡をしてもつながらない。

中学校に様子を確認すると前回の面接後，3日ほど休んだがその後は普通に登校している。休む明けの登校時には顔を腫らしていたので理由を聞くと「ころんでぶつけた」と話していたとのこと。

◆終結へ

　面接から2週間後に自宅を訪ねると母親とD君が出てきた。C君は「会いたくない」と言って部屋から出てこなかった。母親の話だと面接後，父親がC君を問いただしたが，やっていないと言い張り，D君も「うそをついた」というのでそのことは終わりにしたいとのことだった。

　D君は母親の隣でうつむいて硬くなり「うそをつきました。ごめんなさい」とつぶやくとそれ以上は話そうとしなかった。父親からも「うちの子がそんな変なことはするはずもないし，相談に行っても意味がないから行くな」と怒られたとのことである。母親からは「もう相談にも行かないし，家にも来ないでほしい」と言われ相談が終結になった。

　家庭内での性問題行動が疑われたケースであるが，これ以上の介入はできなかった。

　このように家庭内での性問題行動が疑われるケースはあるが，なかなか表面化することがなく，家庭内に深く潜り込み隠蔽されることが多い。

プログラム中に再犯をしてしまったケース

◆事例概要および相談までの経過

　F君（18歳）中高一貫の進学高校3年生。

　近所に暮らす小学2年生の女児に声をかけ，公衆トイレに連れ込もうとしたところ，大声をだされ，未遂で終わる。その後，保護観察付きの家庭引き取りとなる。保護観察の条件に継続的な性問題行動防止プログラへの参加を義務付けられた。

　開業医の父親と薬剤師の母親の次男として生まれる。幼少期から手がかからず勉強ができ，バスケット部に所属し，友人も多かった。

　兄は大学医学部2年生で，F君も医学部を志望している。

◆相談の経過

精神科病院における月1回のグループワーク（2時間）と週1回の個別プログラム（1時間）を実施されてきた。期間は1年間とした。

グループワークは大体10名前後で行われ20代〜40代の成人が中心で，性問題行動（盗撮等含む）を起こした人たちである。10代の参加者はF君のみで緊張した様子であった。

女児に声をかけた日は予備校の模試の結果を悪く，むしゃくしゃしていたところ，たまたま見かけた女の子に声をかけてトイレに連れ込もうとしていた。トイレの中で何かをしようとは考えていなかったと警察での調書とほぼ同じことを話している。

高校3年に進級し，医学部受験のことで重圧を感じていて，つい魔が差した。「本当に女の子には悪いことをした」と涙ながらに語っていた。

今回以外に同様のことはなかったのかと尋ねても「今回が初めてです。気の迷いです」と首尾一貫していた。

初犯であり，未遂であること，学校での生活態度が良好なこと被害者の家族も事を大事にしたくないということから，学校の一部の教員が知るのみで処分は不問となっていた。F君は今回のことが友人や知人に知られることに強い不安と恐怖を感じていた。

グループワーク，個別面接ともに休むことなく，開始時間の10分前に来ており，ワークも全てやってきて来院態度は良好だった。ワークの回答もカウンセラーからの質問に対しても，支援者側が期待するような模範解答が返ってきた。

月1回，親の面接も併用して行った。来所するのは母親のみで父親は「仕事が忙しい」と来所することはなかった。母親は口では「自分の育て方が悪かった。被害者や家族に申し訳ないことをした」と語りながらも，来春に控えた大学受験のことが気になっている様子だった。親子ともに保護観察の条件だから来院しているだけで，治療動機は乏しい印象を受けた。

半年が過ぎたころから,「グループワークの参加者はほとんど習癖化しており,僕とは違うので参加したくない」と希望が出るが,保護観察の条件であることを伝えると素直に受け入れる。面接では回を重ねてもプログラムは順調に進んでいたが,情緒的な交流は深まらない感じがして雑談を増やすなどして関係を深めようとしたが,深まる感じはなかった。

年末が近づき,母親から「受験が近くなってきたので,面接の回数を減らしてほしい」と電話が入る。その頃,受験勉強のためか,表情が乏しくなったことや相変わらず情緒的な深まりがないことが心配だったのでこれまでのペースは変更しなかった。

その2週間後,再犯で警察に逮捕された連絡が入り,終結となる。

被害者の気持ちを考えることが難しかったケース

◆事例概要および相談までの経過

G君(16歳)。県立高校1年生(県下トップ有数の進学校)が同級生Hさん(15歳)を学校の教室で押し倒し,胸などを触ったとして被害届が出る。その後,少年鑑別所を経て保護観察つきの家庭引き取りとなる。保護観察の条件に継続的に性問題行動防止プログラへの参加を義務付けられた。

◆生育暦および相談の経過

精神科病院における週1回の個別プログラム(1時間30分)として期間は1年間とした。

本人は中学の頃から友人への不用意な言動をとりトラブルになることが多かった。そのため,中学高校とも友人が少なく,一人でいることが多かった。

中学2年生のときに腹痛,頭痛,不眠を訴え,内科に受診するが,身体上の異常は見られず,精神科を紹介される。精神科ではPDD(広汎性発達障害)の疑いと言われ,軽い安定剤と睡眠薬が

処方されるが,ほとんど服薬せず,数カ月で中断になる。

問題当日は掃除の仕方で口論になり,言いたいことがうまく言葉にならず,力まかせに突き飛ばした際に,上に乗る形になってしまっただけ,性的な行為をするつもりはなかったと振り返っている。暴力を振るったことは悪かったと反省するものの,Hさんを思いやる言葉は聞かれなかった。

今回以外に同様のことはなかったのかと尋ねるとこれまでも同級生(主に男子生徒)などと口論になることはあったが,女子生徒を押し倒したりするまでのことはすることはなかった。

初犯であり,他の非行行為はないものの,Hさんがその後,不登校状態になっていることや学校内での問題ということもあり自主退学となる。

退学後は自宅で大学検定試験受験に向けて勉強をしており,個別プログラム以外には外出することはほとんどなかった。勉強している以外の時間は小説や漫画を読むことが多い。

プログラムには積極的に取り組み,担当者との回を重ねるごとに関係が深まっていった。プログラムでは衝動性のコントロールの練習に多くの時間を充てたが,自分の感情に気がつくことは苦手であった。**被害者およびその家族の気持ちを考えるワークでは**被害者の気持ちを考えることが難しかった。

「暴力を振るったことは悪かったが,馬鹿にしてきたりうるさいことばかり言ってきていたから」とHさんがそのとき,どれだけ怖かった,その後,人に接することや学校に行くことが怖くなったしまったことへの振り返りはなかなか進まなかった。漫画を使ってのプログラム,ロールプレイや被害者の手記を読んで感想文を書くなど実施したが,大きな変化は見られなかった。

1年弱でほぼプログラムを終了したが,G君は面接の継続を希望したため,2週間に1回1時間に変更し継続をする。読書が好きなので,短編小説(重松,2010)を読んできてそれぞれの感想を話し合った。自分の考えや思いを物語の主人公や作者に投影す

る形のためか，比較的自分の思いを自由に語ることができる。
　「やさしさ」「勇気」「強さ」など性問題行動の直接関係ないテーマを選んだ。回を重ねるごとに内容が深まり，感情移入しすぎて声が大きくなったり，涙することがあった。半年が過ぎたあたりで自ら「Hさんに謝りたい。でも会ってくれないだろうから手紙を書く」と言い，投函することのできない手紙を書いた。
　面接はプログラムを含めて約2年で終了し，G君は1年遅れで通信制高校のサポート校に編入し，卒業後は大学に進学をした。

　短編小説や絵本を読んでそれについてお互いに語り合う読書グループは，主にうつ病，適応障害の人たちを対象に実施してきたものである。思考の柔軟性が失われ，価値観が硬直する傾向があるので，感情の柔軟性や視野を広げる目的で行ってきた。何かに置き換えて考えるため，侵襲性が低い。心的ストレスが少なく，自分のことを振り返りやすいというメリットがある。
　今回は初めて個別で行ったが，性問題行動を直接取り上げないことや自分の問題としてではなく，作者や登場人物に投影する形だったため，抵抗感が少なく，被害者のことを考えることができるようになったのではないだろうか。

きょうだい間での性問題行動のあり分離をしたケース

◆ケース概要
　夫からのDV，虐待があり5年前に離婚し，母親一人でI君（13歳），Jさん（9歳）を育てている。母親は高齢者施設で介護職（3交代勤務）として生計を立てている。
　I君（13歳）中学1年生：動きがゆっくりなため，同級生からかれることが多いが，休むことがなく登校はしている。大人しく目立たず友人は少ない。
　Jさん（9歳）：小学4年生。大人しく，一人で絵を描いたり本を読んでいることが多い。

◆相談の経過

Jさんは4年生になってから爪噛み，抜毛なども問題行動が目立つようになり，母子にて児童相談所へ来所相談が始まる。Jさんは面接の最初のうちはあまり話さず，絵を描いたり，アイロンビーズを作ってすごしていた。

嫌がることなく通所は継続したが，爪噛み，抜毛に加え，手洗いを繰り返す強迫行為が見られるようになり，児童精神科への通院も始まったが，状況は変わらなかった。

半年が過ぎた頃，母親より夜遅くにI君がJさんの入浴を覗いていたと児童相談所に連絡があり，I君，Jさんそれぞれから聞き取り調査をした。

Jさんの話だと小学校入学した後からI君とは別々に入浴するようになったが，小学2年生の頃からお風呂を覗かれたり，急に抱きつかれたりするようになった。

最初のうちはそれほど気にしていなかった3年生になった頃から，それが普通ではないことがわかり，嫌な気持ちになるが，強く拒否ができなかったと話している。

I君もおおむね事実を認めていたが，Jさんがそれほど嫌がってとは思っていなかったし，女の子の体に興味があったからと話している。

I君はその日のうちに児童相談所に一時保護することが決まる。最初は嫌がったものの，母親から説得され，了解する。

I君の性問題行動防止プログラムは一時保護所で行われた。一時保護所の入所期間は原則2カ月のため，期間は2カ月として週2回1時間程度，個別面接の形で行った。

プログラムが進むにつれて事の重大性が気がつけ，Jさんを傷つけていたことも理解できるようになった。

◆終結へ

プログラムは結局，2カ月半で20回の行い，後半の3回は親

子合同面接を行った。

　Ｉ君は最初は自宅へ戻ることを希望した。しかし，母親が不在のことが多い中，Ｊさんの２人きりの時間が多いことは再犯の可能性が高くなることから他県で暮らす母方祖父母宅に預けることになる。

　母は月１回，祖父母宅でＩ君に面会に行くこと，Ｉ君からＪさんへの連絡は禁止し，２人の交流についてはＪさんの希望に沿って行うこと，交流する場合には２人だけでなく，大人が同席することを取り決め，新しい住居地の児童相談所に引き継ぎをする。

　Ｊさんは小学校卒業まで通所をする。終了時には問題行動が消失していた。

　Ｉ君は中学卒業後，全寮制高校に進学をしたとのことである。

　家族内での性問題行動は家庭内で隠蔽されることや被害者のほうを転居させ，被害者に大きな心の傷を残すことが多い。

　しかし，本ケースの場合，母親が問題行動から目を背けることなく向き合ったくれたこととＪさんの気持ちを優先して行動してくれたこと，Ｉ君にも問題後も変わらずに接してくれたことで良い方向に進めたと考える。

おわりに

性問題行動防止プログラムを通じて感じたことや教えてもらったことをまとめて終わりにしたいと思います。

1．性加害児について

プログラムをする前には性欲に身をまかせ，自分より弱い人を傷つける，「危ない人」「気持ち悪い人」だと思い込んでいました。また，身近な存在には思えず，何を考えているのかわからない遠い存在でした。

しかし，実際に接してみてイメージが変わりました。自信がなく，うまく言葉にならない不全感や劣等感を満たすために性問題行動を行っていることが多くありました。性問題行動を起こすことで心のバランスをとっているようにさえ見えることがあります。会ってみるとどちらかというとおとなしく真面目で，とても激しい攻撃性をもっているとは思えない子どもも少なくなかったです。

このような偏見はテレビ，ネットなどからの情報が影響も少なくないです。プログラムを始めるにあたっては目の前の子どもを自分の目でしっかり見ること，そして性問題行動だけでなく，その子どもの良いところ（健康な部分）を着目することが大切だと感じています。

2．アディクションとしての性問題防止プログラム

性問題行動防止プログラムを行ううちに自傷行為やアルコール・薬物などの問題行動と同じで「習慣化」「認知のゆがみ」があることがわかってきました。最初はエロサイトや雑誌を見ての刺激でコントロールできていたものが，だんだんとコントロールが効かなくなり，問題行動がエスカレートしていきました。認知が

自分の都合のいいようにゆがめられている部分もあります。

性問題行動防止プログラムは習慣化した問題行動のパターンに気づき，連鎖を防止する，考え方の歪みの修正をするという側面もあり，アディクションの支援と大差がありませんでした。

実際，プログラムの正しい知識を身につける，自分のやったことの振り返り（事実確認），問題行動のパターンの理解と再犯防止策を考えることも，被害者および家族の立場に立って考えることも，アルコール・薬物等の依存症の治療でも同様な内容を行っています。

アルコール・薬物等の依存症の治療は性問題行動防止プログラムより確立しており，学ぶべき点が多く，性問題行動をアディクションという視点で見ることも必要ではないかと考えます。

また，アルコール・薬物等の依存症の治療では断酒会，AA，GAなどの自助グループは必要不可欠な社会資源であることは言うまでもありません。断酒会ではアルコールの力を借りないと自分の気持ちを表現できず居場所が見つけられない人たちが集まり，アルコールの力を借りずに自分のことを話すことで自分の居場所にしています。性問題行動を抱える人たちも自分の気持ちを上手に伝えることができず，自分の居場所を見つけられないでいることが多いです。そのような人たちが集える居場所が確保されてくれば再犯は減るのではないでしょうか。

3．支援者に沸き起こってくる感情について

取り扱うテーマが普段あまり話題にすることのない性問題であり，抵抗感や戸惑いはあった。これは自殺未遂者支援で「死」を取り扱うときの感じに似ています。その抵抗感は回を重ねるうちに薄れていきました。

しかし，子どもが問題行動に対して身勝手な言い訳を繰り返していたり，拒否的な態度を繰り返していると，これまで関わってきた性被害者やその家族のことが思い出され，怒りや不快感が湧

おわりに

き起こってくることは未だに変わりません。振り回されるということなのだと思います。

振り回されることへの対策としては，①一人ではなく，チームで関わっていくこと，②一定の心理的な距離を保ち，子どもの感情に巻き込まれないようにすること，③スーパーバイズ等を受けることなどが考えられます。

① チームアプローチは基本であるが，支援者同士で縄張り争いや押し付け合いが起きることは珍しくありません（性加害者支援の場合には押し付け合いが多い）。支援者同士の関係に疲弊することもあります。
② 一定の距離をとって関わることは大切であるが，本人の最も触れられたくない，話したくないこと（事実確認等）を行うに際して本音でぶつかり合わないといけない場合もあります。巻き込まれないようにすることを意識しすぎて表面的な支援になり，プログラムの効果が半減してしまうこともありえます。
③ 性加害者支援に精通して支援者にスーパーバイズを受けることは有効です。しかし性加害者支援はまだ始まったばかりであり，多くの支援者が試行錯誤している状態でスーパーバイズをできる支援者自体が少ないのが現状です。

このような状況の中，現実的にできることとしては性加害者支援を行っている支援者同士が定期的に集まり情報交換や分かち合いの場を確保していくことではないでしょうか。

4．性被害者支援と性加害者支援について

「性被害者支援を行っている支援者は性加害者の支援を行わないほうが良い」という話を時々耳にすることがありますが，それは支援者の感情をより揺さぶられるということなのだと思います。

しかし,私は両方の支援ができてよかったと思っています。性被害者の支援で「加害者が治療を受けているとは聞いているが,どのようなことをやっていのだろうか？」「加害者はどうして私を狙ったのか？　どんなことを思って生活しているのか？」と問いかけられることがあります。そんな時,加害者支援からほんの少しだが話をすることができるようになったように思います。

反対に性加害児の被害者やその家族の気持ちを考えるときに,これまで出会った被害者やその家族のことを思い浮かべて振り返ることでより深い振り返りができるように感じています。

5．最後に

性問題行動というものは,被害者やその家族に大きな傷を負わせる行為で重大な問題です。一生背負っていかなくてはいけない課題です。

しかし,プログラムを通じて自分自身と向き合い,成長が促されるという点では,不登校支援やうつ病の復職支援などの対人支援と何も変わりないです。

反対に周囲の人や支援者の偏見や理解のなさが性加害児の成長の妨げることやプログラムへの抵抗を強めることがあるではないでしょうか。

本書を通じて,少しでも性問題行動・児の苦悩や理解につながれば幸いです。

参考文献

- トニー・アトウット著　辻井正次・東海明子監訳　2008　怒りのコントロール　明石書店
- ティモシー・J・カーン著　藤岡淳子監訳　2009　回復への道のり：パスウェイズ—性問題行動のある思春期少年少女のために　誠信書房
- ティモシー・J・カーン著　藤岡淳子監訳　2009　回復への道の

り：親ガイド―性問題行動のある子どもをもつ親のために　誠信書房
- 春日武彦・埜崎健治著　2013　職業うつからの再生　金剛出版
- 小林美佳　2011　性犯罪被害にあうということ　朝日文庫
- 重松清　2010　永遠を旅する者　ロストオデッセイ千年の夢　講談社文庫
- 晶文学校案内編集部　2013　通信制高校・サポート校・高卒認定・予備校ガイド 2014-2015　晶文社
- 高橋美知子著　2008　イラスト版 10 歳からの性教育―子どもとマスターする 51 の性のしくみと命のだいじ　人間と性教育研究所
- クリシャン・ハンセン，ティモシー・カーン著　本多隆司・伊庭千恵監訳　2009　性問題行動のある知的障害者のための 16 ステップ　明石書店
- 東野圭吾　2008　さまよえる刃　角川文庫
- 廣瀬健二　2013　子どもの法律入門〔改訂版〕―臨床実務家のための少年法手引き　金剛出版
- 藤岡淳子　2006　性暴力の理解と治療教育　誠信書房
- 藤原忠蔵著　2006　学校で使える 5 つのリラクゼイション技法　ほんの森ブックレート
- 学びリンク編集部　2014　小中高・不登校の居場所探し 2014-15 版：全国フリースクールガイド　学びリンク
- 村中李衣　1998　読書療法から読みあいへ―「場」としての絵本　教育出版
- 森田ゆり　1999　沈黙をやぶって―子ども時代に性暴力を受けた女性たちの証言：心を癒す教本　築地書館
- やまかたてるえ著　2012　15 歳までの女の子に伝えたい自分の体と心の守り方　かんき出版
- 吉田タカコ　2001　子どもと性被害　集英社新書

著者略歴
埜崎健治(のざき・けんじ)
神奈川県出身。臨床心理士，社会福祉士，精神保健福祉士，介護支援専門員（ケアマネージャー），介護福祉士ほか
最終学歴：目白大学大学院臨床心理学研究科臨床心理学専攻修士課程修業
19991年に国立武蔵野学院教護事業職員養成所修業後，神奈川県職員として採用。県立教護院（現：児童自立支援施設），小児総合専門病院，児童相談所等，児童・青年期の支援を中心に行っている。専門性や理論に囚われることなく，できることは何でもやるが信念。
主な著書：『「職場うつ」からの再生』（春日武彦との共編，金剛出版）など

性加害少年への対応と支援

性問題行動防止プログラム

2015年11月30日　初版発行

著　者　埜崎健治(のざきけんじ)
発行人　山内俊介
発行所　遠見書房

〒181-0002 東京都三鷹市牟礼6-24-12
三鷹ナショナルコート004
株式会社　遠見書房
TEL 050-3735-8185　FAX 050-3488-3894
tomi@tomishobo.com　http://tomishobo.com
郵便振替　00120-4-585728

印刷　太平印刷社・製本　井上製本所

ISBN978-4-86616-000-9　C3011
©Nozaki Kenji 2015
Printed in Japan

遠見書房

※心と社会の学術出版　遠見書房の本※

教師・SC のための心理教育素材集
生きる知恵を育むトレーニング

増田健太郎監修・小川康弘著

仲間づくりから，SNS での付き合い方まで，さまざまなニーズに合わせた「こころの授業」で，子どもの今の力を生きる知恵に変えていく。ベテラン教員のアイデア満載。2,400 円，B5 並

条件反射制御法
物質使用障害に治癒をもたらす必須の技法

平井愼二著

パヴロフの学説を基に，ヒトの条件反射を弱め，平静な状態を保つ新たな反射を形成することで欲望そのものをコントロールする技法，条件反射制御法の理論と実際を詳説する。2,600 円，A5 並

ホロニカル・セラピー
内的世界と外的世界を共に扱う統合的アプローチ

定森恭司著

心の深層から身体，関係性や社会に至るまで，人間のありようを部分⇔全体的にアプローチする独創的な心理療法 ホロニカル・セラピー。新しい心理宇宙を開く必読の書。3,100 円，A5 並

こころの原点を見つめて
めぐりめぐる乳幼児の記憶と精神療法

小倉 清・小林隆児著

治療の鍵は乳幼児期の記憶──本書は卓越した児童精神科医 2 人による論文・対談を収録。子どもから成人まで多くの事例をもとに，こころが形作られる原点をめぐる治療論考。1,900 円，四六並

N:ナラティヴとケア
人と人とのかかわりと臨床と研究を考える雑誌。第 6 号：ナラティヴの臨床社会学（野口裕二編）新しい臨床知を手に入れる。年 1 刊行，1,800 円

心理臨床プロムナード
こころをめぐる 13 の対話

山中康裕著

第一部は，著者の主宰する研究会でのこころの専門家との次代を担う若い臨床家へ向けて行われた対談を収録。第二部では，手塚治虫，鶴見俊輔，谷川俊太郎らを迎え縦横に語る。3,100 円，四六上

クラスで使える！　（CD-ROM つき）
ストレスマネジメント授業プログラム
『心のメッセージを変えて気持ちの温度計を上げよう』

竹田伸也著

認知療法が中小のストマネ授業教材としてパワーアップ！　付録の CD-ROM と簡単手引きでだれでも出来る。ワークシートの別売りあり。2,600 円，A5 並

臨床心理検査バッテリーの実際
高橋依子・津川律子編著

乳幼児期から高齢期まで発達に沿った適切なテストバッテリーの考え方・組み方を多彩な事例を挙げて解説。質問紙，投映法など多種多様な心理検査を網羅し，フィードバックの考え方と実際も詳しく述べる。2,800 円，A5 並

DVD でわかる
家族面接のコツ③ P 循環・N 循環編

東 豊著

初回と 2 回めの面接を収録した DVD と，書籍にはケースの逐語，東豊と黒沢幸子，森俊夫によるブリーフ的，システム論的解説を収録。家族面接 DVD シリーズの第 3 弾。6,600 円，A5 並

子どもの心と学校臨床
SC，教員，養護教諭らのための専門誌。第 13 号 学校コミュニティと学校トラウマへの支援（村山正治・若島孔文編）。年 2（2, 8 月）刊行，1,400 円

価格は税込です